U0929377

宿命三国

桓大司马●著

九州出版社
JIUZHOUPRESS

序言

从三国看古中国
揭秘『权力的游戏』

“天子者，兵强马壮者为之耳！”

这句五代十国时期军阀安重荣的名言，将中国古代的政治秩序和政治伦理一笔抹杀。似乎古代中国都是唯力是视的修罗场，没有真正的尊贵，没有真正的信仰，也没有真正的规矩乃至秩序。正如黑格尔对中国的论断：“它的显著的特色就是，凡是属于‘精神’的一切——在实际上和理论上，绝对没有束缚的伦常、道德、情绪、内在的‘宗教’‘科学’和真正的‘艺术’——一概都离他们很远。”

即使在信息发达的今天，人们似乎仍然有着一种约定俗成的概念，中国古代总是暴力地轮回，没有能够坚持长远的信念和信仰，朝代更替不过是“枪杆子里出政权”，看似高大上的种种仪式礼节观念，都不过是欺世盗名的遮羞布。

当看到日本天皇的“万世一系”，人们会感受到传统的生命力；当看到欧洲延续千年的国王加冕仪式、贵族册封仪式，人们会发现保守的魅力。而反观中国，只好很早便进入到“平民社会”，很早便盛行“理性主义”，用“早熟”来蔑视这些“食古不化”。

可是，既然自豪于“五千年文明”，既然对“源远流长”十分热衷，却把自己的政治文明和精神世界看得这么不堪，实在有些违和。

其实，东方也好，西方也罢，在古时候，都不可能完全摆脱神秘主义而完全付诸于理性。天命、神明、传统所衍生而出的秩序要远远稳固于人完全依靠理性创造出来的秩序。中国也不例外。

想想看，为何中国的史学如此发达，后代为前代修史往往不惜成本，自己费力推翻的前代皇朝，自己却要承认其正统？为何王朝更迭，大部分都要以“禅让”的形式来完成，即使确实是自己用武力推翻旧朝而建立新朝，也要尽量避免展现自己武力直接针对前朝的一面。比如明太祖朱元璋说自己“朕取天下于群雄之手，不在元氏之手”，清圣祖康熙帝说明亡清兴是“流寇李自成颠覆明室，国祚已终。予驱除逆寇，定鼎燕都”，那块出身极为曲折神秘，在秦始皇手里成为传国玉玺的和氏璧，为何成为历朝孜孜以求的宝物，直到千年之后的明清之际，仍让皇帝们念念不忘？说中国没有宗教，可为何千年间却有着一以贯之的秩序选择？为何古中国与其他文明不同，没有产生坚固的一神教而政治本身却有着极强的宗教印记？为何其他宗教进入中国举步维艰，而唯独佛教却可以迅速打开局面并征服了中国的精英阶层？

这一切的一切，都有其必然原因。答案是有的，但是在一部部厚重的史学专著中，在一篇篇深邃难懂的学术论文中，让人望而却步。那么作为普通读者想要了解其中的奥秘，就需要一本简洁而不简略、明白而不浅白的作品。

彭治宇兄的《宿命三国》便是这样一部作品。

彭兄文理兼通，理可开发软件，文可填词作赋，而最让人佩服的，是他畅游史海，对两汉魏晋史实用功甚深，且不限于人物、事件或典章制度的研究，而是以此为门径，窥看古中国千年的制度秘密。经过多年沉淀，他拿出了这部作品，从人们最熟悉的三国时代入手，上溯两汉，下启隋唐，用不大的篇幅，精准有趣地解密了古中国政治秩序的奥秘，向读者展现了中国版“权力的游戏”。

之所以选择三国时代为切入点，彭兄有其独到的眼光。三国是人们最熟悉的陌生人，大多数读者对三国的了解还局限于《三国演义》。即使突破演义，从《三国志》了解三国，如不了解两汉，不了解魏晋，那么对于夹在其中，制度文化、宗教信仰、秩序铺排都有着承上启下作用的三国时代，仍只能浮光掠影，难探堂奥。比如，黄巾起义真是如后世白莲教一样的农民起义吗？这场不过八个月便冰消瓦解的动乱为何会给后世带来巨大的变革？为何曹操必须利用汉室，而袁绍却不必？诸葛亮鞠躬尽瘁死而后已，想要光复的汉室，真的是东汉吗？为何曹操不必篡汉，而曹丕继承了曹操的功业，却必须篡汉？三国之后，为何会是魏晋，魏晋之后为何会是隋唐，历史是否有其他的可能？为何直到唐朝灭亡后，才会有安重荣这样的人说出那样的话，而在之前根本不可想象？

全书篇幅不大，但除了以上问题，还有更多更复杂的问题都有了非常解渴的回答。所谓言简意赅，应该就是如此了吧。

彭兄嘱我为本书作序，虽自知难以胜任，但看过全书后，敬佩之余忍不住写下些感想心得，算是为读者们做个引子，制造个悬念吧。

是为序。

班布尔汗

2018年5月29日

自序

自从经营微信公众号“文史宴”以来，大司马写了很多历史文章，但出书还是第一次。

拜《三国演义》所赐，汉末三国是大家最耳熟能详的历史时段，那个时代金戈铁马、神机妙算、英雄辈出，千载之下仍虎虎有生气，令人神往，说不尽道不完。很多朋友对三国的了解应该会像大司马一样，有一个递进的过程：最初，受《三国演义》或者周边动漫、游戏的影响，把三国当成中世纪英雄传奇来看，后来接触《三国志》等正史，发现历史与传奇的不同之处，开始考究历史，最后通过三国史，加深了对历史的认识。

大司马不仅对三国史感兴趣，在三国的基础上，对整个魏晋南北朝史的兴趣都十分浓厚，为了深入理解魏晋南北朝史的脉络，对其前后的先秦两汉和隋唐五代也有一定的涉猎，并因此而开阔了视野，有所发现和感悟。对于三国，我们同样可以使用这种大历史的眼光，从长时段和中时段来审视，发现三国历史的脉络，得出某些战争胜负和谋略成败的深层原因，也可以找准三国在中国历史上的地位，从三国时代的前因后果中体会到某些历史规律。

大家对三国的兴趣可能一开始都集中在战争和权谋上，后来才扩展到其他方面。大司马也一样，为了更全面的理解三国，对于制度史、文化史、观念史、社会史、学术史、经济史等方面都有一定的涉猎，从多个角度来审视历史，或许可以避免用比较熟悉和习惯的明清时代的眼光去看三国，纠正对历史事件和历史人物的一些似是而非的结论，找出历史演变的真实脉络和历史人物的真正逻辑。

在以上两个方面，大司马可能有一孔之得，也是这本书可能的亮点。当然，大司马心有点大，本事未必跟得上，书中难免有错讹与疏漏之处，敬请大家批评指正！最后，感谢出版社的青眼，感谢各位同道的鼓励，感谢邓小军老师、班布尔汗兄、段宇宏兄、王路兄的推荐，感谢各位读者对大司马的认可。

目录

叁

伏皇后
功臣集团的绝唱

袁绍
关东的霸主当不了天下的霸主

壹 张角

儒教与道教，从这里分道扬镳

贰 汉献帝

皇帝的宿命

柒

●鲁肃

武力豪族所能达到的最高点

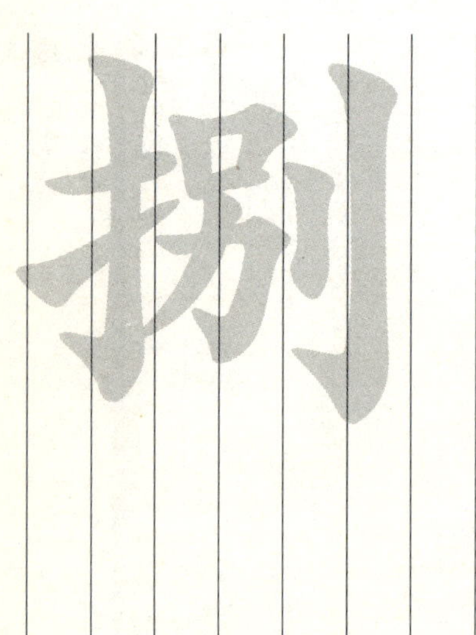

●陆逊

南方士族的巅峰，从开始就结束

伍

贾诩

凉州的反复

陆

荀彧

八百年士族政治的关键节点

玖 ●诸葛亮

秦制帝国最完美的宰相，没有之一

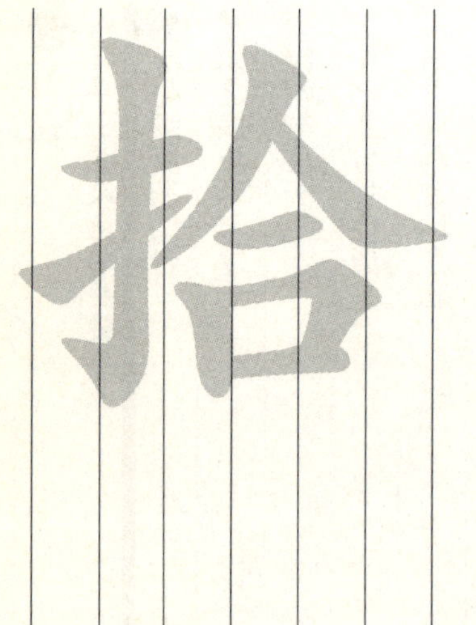

●李严

与诸葛亮之争的是是非非

张角

儒教与道教，从这里分道扬镳

我们的教科书一向把黄巾之乱称为农民起义，在各种游戏、动漫等现代媒体里面，黄巾首领张角也被塑造成一个低端的民间神棍，富含神经病的气质，但这是对原初道教的历史不了解所致。

实际上，东汉是儒教与道教从“你中有我，我中有你”逐渐走向分道扬镳的时代。张角的黄巾起义，不过是东汉原始道教与儒教一系列战争中的高潮而已。而黄巾起义失败后，儒教与道教的战争也并未停止，反而在两晋十六国再起波澜，甚至出现道教势力割据一方乃至毁天灭地的局面。

道教的教众也并不是后世农村里那种低端的巫婆神汉，其中的骨干是有品位、有学问的地方豪族。他们起事的目的并不是装神弄鬼或者杀人越货，而是为了实现天命，实现天下太平。他们的组织方式与理论建设，对后世中国产生了巨大的影响。

三　宇宙秩序中的儒道同源

对于中国古代史的分期，陈寅恪先生曾言“唐之事近于古，宋之事近于今”，日本京都学派亦阐发唐宋变革论，认为唐宋之性格迥异。故而我们今天对古代社会的印象，多是宋以后，特别明清以来的印象，因为今天的社会跟明清社会仍有很多共同点，这就容易形成一种“一切古史皆明史”的偏颇看法。

但是，即便我国从秦以后就一直实行专制集权的“秦政”，秦汉、魏晋南北朝、隋唐、宋元、明清的社会也是很不一样的。用对明清社会的认识去套唐以前的社会，就会出现很多认识偏差，比如认为东汉张角的黄巾起义跟明清的白莲教起义差不多。

虽然张角那套搞法确实是日后白莲教的祖宗，但运作上却比白莲教要高大上太多。白莲教主要在底层民众中流传，所以时常凸显出低俗、土的气质，而张角的太平道则是同时在上层和下层流传，无论涵盖面、组织度还是理论高度，都非后世的白莲教可比。

这是因为，唐以前的社会（含大唐），无论豪族阶层还是平民阶层，对“天命”的说法都深信不疑。说他们迷信也好，虔诚也罢，他们认为要当天子，光有实力还不行，还得有天命。而张角正是利用了这一点，使自己在部分上层人士中成为天命的代言人。

上古中国并不是如一般印象中那样宗教观念淡薄，任何文明原初时代都是“神道设教”，中国也不例外。中国的信仰中虽然也有鬼神，但鬼神并不是至高无上的，商周以来，华夏文化的信仰中至高无上的是有秩序、有生命的宇宙，或者通俗点说就是老天爷，即《诗经》所谓“明明上天，照临下土”，宇宙是一切的所在，鬼神和人类都不过是宇宙秩序的一部分而已。

所以，上古中国信仰的其实是一种类似于佛教的法则宗教，所以后来佛教能够很快在中国发扬光大。基督教和伊斯兰教这样的一神教虽然也来到中国，却不能像佛教一样风靡天下，一个重要的原因就是佛教信仰与华夏信仰有同属法则宗教的这一层亲缘关系，只不过跟佛教相比，华夏的宇宙信仰在具体的宗教体验上更重视巫术式的感知，而不是逻辑上的推导。

因为没有一神教那样至高无上的神的压制，所以在不违背宇宙秩序的大前提下，在具体事务上，华夏文化因春秋战国时代频繁的争霸和兼并战争，很快走向实用理性化，而原本属于神秘主义范畴的宇宙秩序也被儒家义理化了，比如孟子所说的“天视自我民视，天听自我民听”就是把政治范畴的义理强加到了宇宙秩序的头上。但这并不是说宇宙信仰就不存在了，大家给老天爷按自己的意思画像，但并没有不敬老天爷，相反，儒家义理因为老天爷神秘力量的加持而更加被老百姓认可。

所以上古时代的儒家，一方面在现实层面构建政治哲学，一方面也兼营代言老天爷的业务，而儒家最早也是出于巫官。秦始皇焚书坑儒，很多人认为坑的是方士而不是儒生，认为焚书坑儒是造谣，殊不知秦汉时代儒生和方士很多时候是兼职的。所以这么细究一下历史，就可以发现中国文明并没有特别显著的特殊性，与同时段其他文明的共同点远远多于不同点。

既然头上有一个主宰一切的宇宙秩序，那么宇宙的意志自然也会反映到人间事务之中，人间事务，当然也包括天下大乱，也包括朝代更替。因此在上古时代，对于改朝换代有两种不同的看法，一种是“天命说”，认为哪家胜出是因为有天命在身；另一种是“逐鹿说”，认为哪家胜出是因为拳头大或者智谋高。

因为“逐鹿说”认同暴力，不利于知识分子限制暴力以及暴力的升级版皇权，所以唐以前的知识分子一般是认同“天命说”的。另外那时的社会观念也相信“天命”，知识分子作为类似祭司的角色就更加崇信，这方面可以举出很多例子。

比如东汉班彪，并不认为刘邦夺取天下是群雄逐鹿、优胜劣汰的结果，而是认为刘氏拥有天命，他在《王命论》中说：

> **世俗见高祖兴于布衣，不达其故，以为适遭暴乱，得奋其剑。游说之士，至比天下于逐鹿，幸捷而得之。不知神器有命，不可以智力求。**

又如南朝沈约，在得天下的问题上，也是推崇天命说，反对逐鹿说，他编撰的《宋书》里面有专门的志书《符瑞志》，《符瑞志》中如是说：

> **夫体睿穷几，含灵独秀，谓之圣人，所以能君四海而役万物……力争之徒，至以逐鹿方之，乱臣贼子，所以多于世也。夫龙飞九五，配天光宅，有受命之符，天人之应。**

甚至直到晚唐，大道士杜光庭还借助《虬髯客传》这样的传奇故事来强调天命，反对草昧英雄，该传奇故事的末尾说：

乃知真人之兴也，非英雄所冀。况非英雄者乎？人臣之谬思乱者，乃螳臂之拒走轮耳。我皇家垂福万叶，岂虚然哉。

判定谁有天命的方法是否科学另说，但在上古至唐朝，对“天命”的信仰是广泛而坚定的，皇帝为了证明自己身膺天命，需要嘉禾（三苗共穗之类的特别禾苗）、黄龙（黄色龙卷风）等祥瑞，需要持有历史久远的传国玉玺，需要重视王朝的五行生克与天象的对应关系，以辅助其维持统治。

然而，经历过中晚唐的藩镇割据、五代十国的惨烈乱世后，王纲解纽，社会状况却如后晋安重荣所言：

天子者，兵强马壮者为之耳！

故而从中唐开始，以柳宗元、欧阳修为代表，政治合法性领域中的“天命说”在士大夫那里已经逐渐破产，取而代之的是“仁政说”。即士大夫更多地从现实层面要求皇帝行仁政，来获得政治合法性，而不再关注是否受命于天的问题。从秦汉以来带有神学意义的五德终始、传国玉玺等元素也不再被重视。

虽然在民间掺杂佛教、道教、明教及上古神学（天命、谶纬）等内容的迷信思想仍然流行，并成为白莲教、无为教等民间宗教起事的土壤，但因为缺乏文化精英的参与，这些民间宗教的理论水平一般都比较低。而上层社会对这一套话语从宋代就已经不感兴趣，到明清更是避之唯恐不及了，至此社会上才形成宋明以来我们相对熟悉的信仰状况：上层士大夫对民间宗教多持防范、敌视的态度。

但在唐以前，情形是不一样的，上古儒教、原始道教都与巫术有诸多纠缠，儒教和原始道教之间也就有大量共通的东西。这时儒家虽然是两汉的官方意识形态，但在民间还远没有到宋以后那样一家独尊的地位，所以在主流社会的话语权方面，与原始的道教还有竞争。威尔·杜兰特的《世界文明史》写到中世纪时，因基督教与伊斯兰教的纠葛，称之为“信仰的时代”。套用他的话，东汉末年儒教与道教的纠葛也像基督教与伊斯兰教一样，教义既有大量共同之处，也存在很强的竞争关系，当时的中国也处在一个“信仰的时代”。

儒教与皇帝斗法失败

西周早期，周公提出“敬天保民”，改商代的“敬神”而为“敬德”，使中国政治向现实性和理性产生了飞跃性的转变，到至圣先师孔子，更是“敬鬼神而远之”，因此容易给大家一种儒家思想与宗教、鬼神毫无关系的错觉，甚至被当作文化优越性来大肆宣扬。

其实不然，周人击败商人以后，基本上继承了商人大部分敬天、祭神的措施，对神依然是很尊敬的，只是更加重视“人”的作用，所以产生了人与人之间规范化的交往准则“礼”，给社会制定了粗糙的秩序，显得很理性而已。在周人伐商的《商誓》中，周人多次提到上帝，表示伐纣战争是奉了上帝的意旨，周族的史诗《诗经·周颂》中也有“我其夙夜，畏天之威”的句子，表明对宇宙秩序的敬畏。

而早期儒家与上古神学也是密不可分。孔子虽然不怎么谈鬼神，但并没有否认鬼神的存在，比如他相信麒麟降世会带来太平，到了晚年，他看见好不容易出现的瑞兽麒麟被鲁国人打死，精神受到巨大打击，从此搁笔不作，不久便与世长辞，即所谓“绝笔于获麟”。孟子更进一步，把宇宙秩序贯彻到社会伦理中，如“天视自我民视，天听自我民听”，也贯彻到个人修养中，如“知其性，则知天也”，不但没有消解宇宙秩序的神性，反而借助其权威加强了自己的话语力量。

荀子跟他们不同，割裂天与人的关系，认为“天行有常，不为尧存，不为桀亡”，试图把宇宙秩序排除在人间事务之外，但他已经在向法家转化，教出了两个法家大师李斯和韩非，与传统的儒家已经有很大不同。这实际上并不一定是什么好事，因为在专制皇权面前，理性比神性更加不堪一击，神性还能令皇帝有所敬畏，理性能否对皇帝形成制约则要看皇帝的心情，不过这不是本文的重点，不作展开。

进入西汉以后，诸子百家的思想开始融合，原本是显学的儒家得到很大的发展，尤其是文化最发达的齐地。西汉大儒董仲舒时，儒学糅合了道家、阴阳家思想，认为上天是有意志的，并且会对人间的事做出反应，具体怎样反应是一门学问，叫作“谶纬之学”。对于皇帝这个角色，谶纬之学给出了正反两面的解释：一方面承认皇帝是上天之子，通过“君权神授”的概念加强皇帝的合法性，另一方面皇帝又要受到他爹也就是老天爷的制约，如果皇帝胡作非为，老天爷就会掀起自然灾害来预警，如果皇帝依然不改，老天爷就会让皇帝丢掉江山，改朝换代。

这时汉朝正好缺一套对皇权的解释话语。汉景帝时黄生和辕固生的辩论曾经凸显了汉朝皇帝在合法性上的窘境，信奉黄老学说的黄生认为桀纣再差也不应该推翻，儒生辕固生则认为暴君一定要推翻。如果按黄生的说法刘邦就不该推翻秦朝，如果按辕固生的说法则刘家要是乱来也应被推翻，这让从心底里向往乱来的汉景帝很郁闷，只好中止了两人的讨论，并且禁止谈汤武革命之事。

现在董仲舒的理论把这一切都说圆了，推翻与否是上天的意思，而不是民间自发的，这其实降低了民间的反抗意愿，何况还给皇帝加上了“天之子”的神圣光环，大大增加了皇权的合法性，因此这种谶纬儒学得到汉武帝的扶持，成为官方意识形态。

东汉建国也得谶纬之力甚多，当时“刘秀当为天子”之类的谶语对汉光武帝刘秀建国很有帮助。东汉皇帝食髓知味，有意对谶纬加以发展，最终在名儒毕集的白虎观会议上建立了一整套儒家神学体系，甚至连东南西北中五方神祇是谁都规定好了，如东方之神勾芒、南方之神祝融、西方之神蓐收、北方之神玄冥、中央之神后土等，这些记载都收在班固的《白虎通义》里面。

说起来这跟宗教已经没什么区别了，但大家可能会觉得这还停留在理论上，实际上在具体运用上也有很多范例。因为这时儒家经典已经是代天言事的神圣法则，儒家经典的语句本身已经像后世的佛法那样具备了神性，比如《尚书》等儒家典籍中的语句就成为带有神圣性的教义。西汉政府曾经根据《尚书》《周礼》的辞句把九州改为十一州，把宰相改为三公，使现实符合儒家典籍的描述。

东汉末年的向栩更是提出过一个消灭黄巾的妙方：

但遣将于河上北向读《孝经》，贼自当消灭。

儒家经典《孝经》的经文简直有了滔天的法力。可见此时的儒家已经成为类似佛教的法则宗教，虽然没有造物主那样的唯一真神，但有神圣性的法则（儒经、佛法），可以称为儒教。

这种法则宗教虽然也将皇帝视为法则系统里面一个非常高级的存在，但至高无上的天意却掌握在儒者手中，天意在理论上自然高于现实的皇权，如果皇帝干得不好，儒者可以借上天的旨意让他滚蛋。西汉经过汉武帝的暴政，天下户口减半，合法性大大动摇，汉昭帝时的儒生眭弘、汉宣帝时的盖宽饶都曾劝汉朝皇帝退位让贤，虽然都被找借口干掉了，但汉朝皇帝并不敢说天命和禅让本身不对。

到西汉末年，政治每况愈下、难以挽救时，谶纬儒学对皇权制约的一面成为主流，越来越多的人认为汉朝皇帝应当退位让贤。以儒学宗师刘歆为首，大家认定这个“贤”就是模范儒生王莽，于是王莽代汉称帝，立志建造儒教教义描述的理想世界。王莽的施政也确实是严格按照儒家经典的章句而来，即便与现实格格不入也在所不惜，最后也因为施政脱离实际，引发天下大乱，导致身死国灭。

汉光武帝刘秀借助谶纬上台，当然也深知谶纬的威力，为了避免自己再被儒生借谶纬推翻，刘秀索性自己颁布图谶给自己造神，自己成为解释谶纬的大巫师，把谶纬的解释权从儒生那里收归皇帝手上。而且刘秀还因为接受西汉禅让的王莽没有治理好国家，把王莽的合法登基污名化，同时也将禅让污名化。在汉章帝主持的白虎观会议上，儒学的内容里面加入了“三纲六纪”，其中最重要的是“君为臣纲”，皇帝已经脱出了儒者可以议论的范围，谶纬之学只剩下皇帝是神选者的这部分内容，禅让之类的话则不准提了，这样儒生就不再有“代表月亮消灭你”的机会了。

此后的儒生，再也无力对权力来源进行追问，转而服膺于“安天下不如与天下安”的苟且政治，政治运行也只能在皇权的肆虐中每况愈下。由于东汉皇权已经解决了来自神学方面的最大危机，故而很快就大幅增强，以前天降灾异皇帝要下罪己诏，现在则策免三公了事，儒学士大夫的纠错和监督作用更难发挥。东汉中后期，皇权集团外戚、宦官交替专权，比皇帝还嚣张和不负责任，儒学士大夫只能用殉道的形式来用生命抗争，但对凶恶残暴的皇权集团依然制约有限。

道教接着跟皇帝斗

在这种背景下，道教登场了。道教是由诸多元素融合而成，其中有上古的巫术传统、老庄的道家思想、齐地（山东）的方术与神仙家思想，甚至有儒教的谶纬之学。在东汉末年道教正式建立之前，混合了这些内容的组织统称为原始道教。

早期道教与儒教的差别远没有后世那么大，而是植根于上古文化的一体两面，共通之处很多，也有浓重的救世情结。

比如西汉后期，原始道教的方士甘忠可眼见政治日坏，宣扬汉家气数已尽，其徒夏贺良更说服汉哀帝举行再受命的仪式，表示我刘氏（尧帝之后）干得不好，禅让给陈氏（舜帝之后）。虽然仪式只是把汉哀帝的帝号改为“陈圣刘太平皇帝”而已，甘忠可师徒最终也被干掉，但可见道教与儒教一样，也用上古神学对皇权政治进行制约。

在经典语句的威力上，道教徒与儒教徒的认知也相差不大。如东汉末年的交州刺史张津就信奉原始道教，喜欢红帕裹头，诵读道经，认为这样可以增加部队战斗力。虽然他后来被部将区景杀掉，在三国时代一直被当成反面教材，但这种情况是存在的。

因为东汉皇帝垄断了神学（谶纬）解释权，儒生对神学的主导权大降，对皇权的肆虐一筹莫展。既然儒教不行，那我们道教来！面对现实的不公，原始道教开始推崇“公”的思想（见《太平经》），并形成组织，有意弥补儒教在神学领域的无力，自力更生，拯救世界。

这里要纠正一个容易产生的错误印象，早期道教人物并不是一群农村里常见的那种低端神棍，而多是品位很高、知书识字的各地土豪。比如五斗米道的祖师张道陵当过江州令，太平道的大贤良师张角也是富甲一方的大土豪，据葛洪《抱朴子》记载：

曩者张角，招集奸党，称合逆乱，欺诱百姓，以规财利，钱帛山积，富逾王公，纵肆奢淫，侈服玉食，姬妾盈室，管弦成列。

而且他们也有很多著作，如甘忠可的《天官历包元太平经》、魏伯阳的《周易参同契》、张道陵的《老子想尔注》等。后来黄巾起义的过程中，道教的知识水平和运作能力也处处体现出来。

比如黄巾起义前夕，各地的黄巾首领在城门上贴公告，号召部众在约定时间起义；曹操平定青州黄巾的过程中，黄巾将领给曹操写信讨论神学问题，认为曹操在济南禁止淫祀与黄巾军在各地翦除非道教的神之间旨趣相近，大家是同道，可以不必打了（当然曹操嗤之以鼻，坚决地消灭了青州黄巾）；黄巾将领如波才、彭脱、韩忠、赵弘等大部分是单名，结合王莽之后双名成为贱名来看，单名是有一定社会地位的人；黄巾军在起事之前就架构政权，设定大小三十六方，并且规定同时起事，这样大规模的行动，没有巨量的文书沟通是不可能的；黄巾军路遇大儒郑玄，不但没有像黄巢、李自成那样予以加害，反而因为敬重郑玄，拜别之后还约定不去进攻郑玄的家乡高密县；黄巾军甚至能进宫结交宦官，说明里面存在有权势的人物，这样的人物不识字是难以想象的。总之这些事迹可以说明黄巾军中有不少读书人和有钱人，这些人的社会身份都是土豪，黄巾军的主导力量是各地豪族，而不是无组织的饥民。

本来从三代以来，各地的信仰千差万别，除了秦统一后搞过一小段时间宗教迫害，基本上还是信仰自由的。所以各地土豪有的信儒教，有的信原始道教，也算是井水不犯河水。

但汉武帝独尊儒术以后，因为信儒教更容易做官，儒教豪族逐渐成为主流，原始道教豪族日益边缘化，东汉以后甚至被禁止做官。如果你儒教豪族给力也还罢了，偏偏在皇帝面前又没有西汉给力，所以原始道教豪族越来越不满意，最后决定自己来：

发动起义，推翻政权，以神（天命）的意志！

在东汉墓中出土的陶瓶上面，有许多“天帝使黄神越章”“天帝使者神师”之类的文字，是墓主的称号，这类称号都是原始道教的称号，有时候文字会讹写，如“天帝”讹为“天地”，“黄神”称为“黄帝”，有时又讹写为“皇帝”。所以东汉时代的起事者，如果名字里面带有“黄帝”“使者”“越”“真人”字样，以及与五行相关的“南岳”“黑帝”等字样，都是原始道教的教徒。

在汉光武帝建立东汉之初，儒教与原始道教之间就爆发了宗教战争。南岳潜山（后来才是衡山）一带的南岳大师李广聚众起事，攻陷皖城，击败官军。李广败亡后，其师弟单臣等又在原武劫民起事，与官军相持良久才被平定。

汉安帝、汉顺帝以后，随着政治日坏，原始道教起事一浪高于一浪。

汉安帝时，天帝使者张伯路从海路起事，攻打滨海九郡；汉质帝时，黄帝马勉、黑帝华孟分别在九江、历阳起事；汉桓帝时，黄帝李坚起于陈留，黄帝子陈景起于长平，真人管伯起于南顿，黄帝裴优起于扶风，太上黄帝盖登起于渤海，越王许生起于会稽，原始道教起事蔓延到全国范围，并且在交流中发展成全国性组织。东汉后期，天师道（五斗米道）、太平道先后创立，正式的道教诞生，而这时又正逢道教起事的绝佳机会，于是五斗米道和太平道发动了全国性的大起义。

这绝佳的机会指的是党锢之祸。皇权集团在现实施政中对神学的轻蔑与无视，激起类似于祭司的儒教士大夫的激烈反抗，最终，皇权集团里最阴暗的宦官掀起了两次党锢之祸，对儒教士大夫大规模残害，并将儒教卫道士大量踢出政权。各地的儒教豪强与汉室公然对抗，并且在兖州、豫州等士族最发达的地区萌发了“消灭汉朝”的思潮，儒教豪强对汉室的离心力达到前所未有的程度。

此时的皇帝失去儒教的拥护，与天下人为敌，已经成为孤家寡人。太平道教主张角抓住机会，联络各地的道教豪族，设置三十六方，以“苍天已死，黄天当立”为信条，在青、徐、幽、冀、荆、扬、兖、豫八州一齐举事。同时，五斗米道的张修也在益州起事，道教对暴政的抗争犹如疾风烈火，席卷华夏大地。

儒教与道教的宗教战争

此时的东汉王朝十分危险，如果儒教豪族也如道教一样武装反抗，甚至与道教合流，东汉王朝将立即土崩瓦解。因此汉灵帝强忍对儒教制衡皇权的不快，解除党锢，给官给权，拉拢儒教豪族，镇压道教起义。

本来，面对共同的敌人汉朝朝廷（从反奸臣不反皇帝的角度也可以说是宦官），儒教士大夫对道教豪强是多有回护的，侍御史刘陶曾经上疏说张角的势力在地方上日益壮大，而“州郡忌讳，不欲闻之”，当张角大肆传教时，甚至“州郡不解其意，反言角以善道教化，为民所归”。与张角同一类型的知名术士襄楷得名士领袖陈蕃赏识，陈蕃之子陈逸甚至与他合谋废黜汉灵帝，而党人中也有很多人爱好道术，如栾巴、张津等，可以说儒道之间颇有香火之情，有共同反对暴政的一面。

然而，儒教虽与道教有神学上的同构之处，但毕竟与皇权结盟已久，对现实政治关注加深，与道教崇奉神灵的旨趣渐行渐远，而且黄巾起义的破坏性虽然比不了后世的黄巢、李自成起义，但也足够令士大夫心存戒惧，故而儒家对道教的恶感超过对皇帝的恶感，所以最终还是选择了帮皇帝。镇压黄巾的三个主将，卢植本身就是一代儒宗，皇甫嵩也雅好诗书并同情儒教，各地儒教豪强组织部众参战的更是不在少数。

至此，儒教与道教正式分道扬镳，二者之间的第一次宗教战争正式打响，主流豪族与非主流豪族在全国范围内展开了舍生忘死的搏杀。

黄巾起义既然是豪族起义，与后世黄巢、李自成之类的流民起义就很不一样。黄巾虽然在八州同时举事，但除了大贤良师张角能号召和调动一些外地教众之外，其余各路黄巾如南阳黄巾张曼成、颍川黄巾波才、东郡黄巾卜己等基本都在本郡各自为战，并且邻郡黄巾之间几乎没有救应和配合，完全没有后世流寇的作风。

这是因为黄巾的根基是各地的非主流豪族，像南阳黄巾的韩忠还跟汉朝的南阳太守秦颉有私人恩怨，因此投降后被杀。他至少得是豪族，才能跟太守结仇吧？这妥妥的是豪族起义而非农民起义。这些豪族在本乡本土有家有业，对离乡作战兴致缺缺，只要在自家一亩三分地上取得主导权就满足了。后来曹操平定青州黄巾时，他们还是拖家带口的呢，可见黄巾军跟后世那些屡仆屡起、家庭早早被打散的光棍流民完全是两码事。

虽然道教因为处于非主流的位置，为了增强力量，确实使用了大量的饥民、流民，但起事是由地方豪族牵头，所以黄巾军就显示出很明显的组织化、本地化。

然而，其对手却是从秦以来就在整合各地资源，建立强大的中央实力体，并以此控制地方的普世帝国。在地方上的儒道豪族殊死搏斗时，普世帝国强大的常备军也不是只待在京师不动，而是出征各地，将黄巾军各个击破。

所以当本地化的黄巾军遇见世界化的帝国军队时，仅仅八个月就冰消瓦解，帝国军队在卢植、皇甫嵩、朱儁等名将的率领下，先后斩杀黄巾数十万，天公将军大贤良师张角病死，地公将军张宝、人公将军张梁等重要头领纷纷战死。虽然黄巾还有不少残余势力，令汉朝头疼不已，但已不能形成致命威胁。这也说明儒教与帝国结合后，在政治进化上已经领先于道教。

与太平道轰轰烈里的昙花一现相比，天师道（即五斗米道）虽然声势不大，却造成了深远的影响。从某种程度上来说，太平道只不过是天师道的异端而已。天师道的出现还早于太平道，我们之前说过，道教思想的两大源头是楚地的黄老道和齐地的方仙道，而天师道的第一代天师张道陵也诞生于齐楚之交的徐州沛郡，张道陵在饱学齐楚原始道教的精髓之后，又来到巴蜀之地，吸收了百濮民族的若干巫术（如葬在高山之巅以便飞升），创立了天师道。

许多因为汉末的暴政而背井离乡的汉人加入了天师道，结成互助性的自治组织，张道陵顺势在巴蜀设立了二十四治作为布道机构。另外，张道陵还很可能屠杀了大量异于自己的百濮巫师，道教神话中被张天师镇压的妖魔很可能就是这些原始巫师。因此天师道不但在汉人中流传，在巴蜀之地的少数民族中也广泛流传，在巴蜀地区具有极强的实力。

后来东川巴郡的巫师张修改进了天师道的组织方式，规定信众必须交五斗米入道，让公家统筹使用，所以天师道又名五斗米道。张修与黄巾军同时发动起义，但声势较小，很快失败。后来他跟张道陵的孙子张鲁一起投靠了新任的益州牧刘焉（刘璋之父），成为刘焉的有力臂助。刘焉入蜀之初与益州豪族对立，用来镇压益州豪族的青羌部队，很可能就是张修、张鲁在少数民族中发展起来的道教徒。后来张修、张鲁又帮刘焉夺取了道教徒甚众的汉中，张鲁随即袭杀张修，掌握了天师道所有的力量，后来又跟刘焉的儿子刘璋反目，割据汉中和巴中。

汉唐之间的儒道战争

张鲁割据汉中三十年，传教事业搞得如火如荼。他在汉中实行宽松的统治政策，而且设立了自取米肉的义舍等福利措施，使得当地人多信了教，许多中原避难而来的人士也都定居汉中，皈依道教。在少数民族中他的影响更大，巴中（今重庆一带）的板楯蛮、巴东的廪君蛮几乎全部皈依道教，川北的青羌、叟等民族也很有可能信了教。

建安二十年（公元215年），曹操南征汉中，张鲁稍作抵抗即投降曹操，而且撤退时不烧府库，令曹操十分欣赏。曹操给张鲁封了万户侯，五个儿子也一并封侯，还为儿子曹宇娶了张鲁的女儿。曹操虽然对方士有防范的一面，但自己同时又是方术爱好者，对于张鲁的天师道也是同样的态度，把张鲁一家带回北方的同时，他还把汉中的几万户道教徒迁到关中，天师道因此在中原也发展起来。五斗米道的支系李家道也在孙权统治时期传到江东，天师道逐渐在全国范围内产生影响。

张角、张鲁建立的道教政治势力，虽然被主流儒教势力（曹操也是儒生，是古文经学家）镇压了，但是两汉的儒教帝国很快就在乱世中崩塌，儒教神学在汉、魏的两次禅让中受到重大打击。而道教方面，太平道虽然没落，天师道却接过了接力棒，一直没有放弃救世的努力。儒道之间的宗教战争，黄巾起义和平定张鲁并不是结束，而只是开始，儒道之争可以说是贯穿两晋历史的一条伏线。

西晋的八王之乱中，赵王司马伦的谋主孙秀就是出身琅琊郡的五斗米教徒。孙秀因为没有研习当时的主流学问儒学以及从儒学中演变出来的玄学，在中正官那里乡品（九品中正制下，士人根据中正官定的乡品来任官）一直上不去，只能担任小吏，因此对主流士人极其仇恨。他蓄意为主子司马伦搅乱天下，还在北邙山上举行了一系列道教的巫术仪式，为司马伦称帝制造舆论。司马伦废晋惠帝自立，结果引发天下共讨，齐王司马冏、成都王司马颖、河间王司马颙合力击灭司马伦，孙秀也被夷灭三族。

同时，信奉道教的巴氐李特率领汉胡流民军攻占蜀地，建立成汉政权。李特一族原是巴人中的板楯蛮，很早就信奉了道教，曹操平定汉中后，李特一族数百人北迁到略阳，与氐族杂居，因此被称为巴氐。西晋时关中大乱，包括略阳在内的关中六郡流民入蜀避难，李特因为常常扶危济困，成为六郡流民的首领。后来信仰道教的流民与信仰儒家今文经学的益州土著豪强产生矛盾，爆发了战争，李特在留居青城山的道教宗师范长生的帮助下攻占了蜀地，建立了以道教治国的成汉政权。

同样信奉道教的廪君蛮张昌则在荆州起事，饱有宗教热情的廪君蛮部队战斗力很强，张昌连败政府军，夺取了荆州、江州、徐州、扬州、豫州等五州的大部分辖境，几乎占据整个江淮流域，后来在荆州名将陶侃与扬州豪族周玘的合力进攻下才失败。

东晋后期，天师道的教主孙恩、卢循更是先后起事。虽然东晋的主流学问已经不是儒学而是玄学，但玄道战争与儒道战争一样，同样是宗教战争，即便有琅琊王氏等大士族信奉天师道，也不会改变国家意识形态与天师道冲突的大局。孙恩一度占领三吴，击杀参加过淝水之战的名将谢琰。卢循则从两广北上，连败北府军两大巨头何无忌、刘毅，若非消灭南燕的刘裕回援及时，天师道军队差点灭掉东晋，建立道教帝国。

至于以太上老君的化身“李弘”为名的起义，更是南北不绝。十六国的后赵，有李弘在山东贝丘起义，后秦则有李弘起事于陕西；东晋永和年间，荆州发生李弘起义，太和年间，益州又发生李弘起义，这个李弘还诈称是成汉后主李势之子，企图恢复成汉那样的道教帝国；直到南北朝，甚至隋唐之际，化名李弘的起义依然史不绝书。正如北朝道士寇谦之所言：“但言老君当治，李弘应出，天下纵横，反逆者众，称名李弘，岁岁有之。”

力量如此强大、理论如此革命的道教，理所当然地被统治阶层视为洪水猛兽。为了道教的生存，北朝道士寇谦之重整混乱的天师道，建立拥护北魏皇权的新天师道，宣称北魏皇帝拓跋焘是道教真仙太平真君降世，成为北魏的官方意识形态。无独有偶，南朝道士陆修静也整顿南方道教，促进儒释道三教合一，削弱道教的反抗色彩。从这时开始，道教才逐渐放弃暴力路线，慢慢变成后世的样子。

直到唐朝建立，李氏皇室宣称自己是太上老君的后裔，成为道教唯一的代言人，从张角以来此起彼伏的道教起义才告一段落。宗教起事者改为以弥勒佛名义起事，宗教起义从道系变成了佛系。

皇帝的宿命

汉献帝历来被视为无能皇帝的典范，终其一生完全是傀儡，对政治毫无发言权，最终被曹丕篡夺了汉室江山，但这个皇权衰落的“锅”并不该由汉献帝来背。

从东汉的第四个皇帝汉和帝开始，皇权已经旁落，从皇帝手上转移到外戚手上，但外戚好歹仍是皇权集团的一员。从汉献帝的哥哥汉少帝开始，皇权则已经衰落，皇权集团的皇帝、宗室、宦官、外戚全部被剥夺了军政大权，权力落到地方军阀手中。汉献帝即位时就已经是一个傀儡皇帝，这时汉室已经衰微，并不是他的责任，他只是没能重振汉室而已。

虽然皇权衰落，但是汉献帝为什么不能像日本天皇那样，当一个虚君，将汉家血脉万世一系地延续下去呢？这就与儒家思想中思孟一派“民贵君轻”的革命主张密切相关，与皇帝制度的建构和发展密切相关。

所以，我们可以着眼于皇帝制度的发展史，通过皇权的演变逻辑，来解析汉朝为什么一定会寿终正寝。

皇权与政府不是一回事

皇帝制度对于汉朝来说，其实是一种比较年轻的制度。商周时代，实行的是封建制度，王室将旁系亲属分封到其他地方，建立邦国，同时也承认一些原有的地方强国，予以册封。当时王室是名义上的“天下共主”，但实际上对邦国的具体政治管不了多少。

春秋战国时代，随着频繁的争霸战争和兼并战争，以功利实用为导向的理性行政大获发展。在法家信徒的设计下，国君对社会的管理越来越细密，管辖的地区越来越大。这方面做得最极端的秦国从民间压榨民力的能力最强，最后统一了天下。

秦始皇自认为“功高三皇，德迈五帝”，上古圣王三皇五帝也无法与自己相提并论，所以自称“皇帝”。皇帝不再是周王那样的“天下共主”，而是能够管理天下一切事务的政治强权。

不过这时皇权政治还刚刚开始，千头万绪，皇帝还很缺乏经验，所以需要宰相的大力臂助。虽然秦始皇自己也勤于政务，但其政策大部分是丞相李斯的手笔。

等到秦朝被六国贵族推翻以后，秦朝那种纯用法家的制度也遭到清算，法家强调到变态程度的“君权至上”原则也遭到摈弃。秦二世的倒行逆施让大家意识到皇权肆虐的危险性，法家以外的诸子对于帝国政治的思考得到重视，而他们的观点表现出惊人的一致性，那就是皇权（君道）和政府（臣道）要严格地分开。

儒家的荀子说“主道知人，臣道知事”，墨家的墨子说“善为君者，劳于论人，而逸于治官”，说的都是君主选能人当大臣，大臣来办具体事务的意思。杂家的《淮南子》则明说“君臣异道则治，同道则乱”，就是说君主不能去处理具体政务，否则一旦出错，权威就会受到影响；大臣当然也不能窃取君权，不然其施政的权威会更加不足。

而汉初的政治实践又使诸子的设想得以落实。汉高祖刘邦虽然精通军事，但对政治却颇为外行，所以将大政完全交给丞相萧何。他又是布衣天子，素有游侠之风，称帝后厚待丰县、沛县的老兄弟，给他们裂土分封，建立很多侯国。因而汉初功臣集团有力量与皇权抗衡，甚至能够在吕后死后将吕氏外戚势力连根拔起。

于是汉初的帝国政治，达成了皇帝与宰相（或者说功臣集团）之间的平衡：皇帝是权威来源，但不亲自理事，只确定大政方针，以及根据绩效任免宰相；宰相总领政事，赏罚官吏，是真正的政府首脑。

这种政治体制下，皇帝不能为所欲为，也不能过多地干涉政治，但正因为不处理具体的政务，皇帝不会出错（错误由宰相买单），所以皇帝的权威很强，皇位稳如泰山；政府行政因为没有皇帝个人情绪和欲望的影响，比较能遵循政府机构设计上自带的理性化原则。可以说，这样的体制是汉初“文景之治”的重要保障，是后人一再追思的经典君相体制。

但是到了汉武帝时代，事情不一样了。

汉武帝权力欲和征服欲极强，嫌自己不能为所欲为，使用了一系列手段，将政治的主导权从宰相手上转移到自己手上，全面插手甚至设计具体政治。汉初宰相一般由功臣集团的子弟出任，原本能够制衡皇帝，但经过几代富贵，功臣子弟有的败落，有的成为一无是处的纨绔子弟，对汉武帝的淫威毫无办法，只能在汉武帝的翻云覆雨下拱手交出政府权力。

汉武帝提拔了一些地位较低的人，比如自己的玩伴或者社会下层的人才，给他们加上侍中、散骑等近侍官衔，在宫中与他们商定政策，然后通知宰相去办。这样皇权就侵夺了政府权力，宰相失去了两大权柄中的决策权，只剩下政策执行权。

汉武帝的小伙伴们议政地点在宫中，被称为“中朝”，宰相领衔的政府成了“外朝”。小伙伴们本身没有地位，只能依附于汉武帝的皇权，做皇帝的奴仆，毫无独立性可言，这些人在古代一般被称为“佞幸”。

但光靠这些社会地位不高的佞幸，声望上还不足以与外朝抗衡，于是汉武帝起用纸面上比较尊贵的外戚如卫青、霍光之类出任大司马大将军，来当中朝的首领，其地位在宰相之上。外戚的尊贵说到底也是因为妹妹或女儿嫁给了皇帝，因为跟皇帝有亲地位才高起来，没了皇帝他们什么都不是，所以外戚也依附于皇权。

至此，由皇帝以及权力来源于皇帝的佞幸、外戚、宗室、宦官组成的皇权集团，权力凌驾于政府之上。汉武帝在几十年的皇帝生涯中虽然建立了很大的功业，但同时也穷奢极侈，穷兵黩武，压迫社会，残害人民，皇权之肆虐十分可怕。

然而宰相的权力还在进一步削弱，对皇权的制衡能力持续下降。到了西汉后期的汉成帝、汉哀帝时期，根据天上的三公星，以大司马、大司空、大司徒为三公，把昔日宰相总百揆的权力一分为三，虽然他们的本意未必是削弱相权，但造成了既成事实。到了东汉，汉光武帝鉴于王莽篡汉，连三公也不放心，把三公的部分权力收归尚书台，尚书台的长官尚书令直接听命于皇帝。

到这里，皇权已经高度集中，皇帝简直可以为所欲为。但是乐极生悲，皇帝必须为自己施政中的错误买单，民众的愤怒会指向汉室而不是宰相。另外高度集权的皇权政治对皇帝个人的依赖也太大，一旦皇帝个人不能胜任，皇权集团的其他人就有可能染指皇权。

外戚与宦官是皇权的延伸

东汉从第三个皇帝汉章帝开始，寿命就都不长久，其子嗣即位时年龄偏小。所以从第四个皇帝汉和帝开始，皇帝多是幼年即位：汉和帝九岁，汉殇帝不到一岁，汉安帝十二岁，汉顺帝十岁，汉冲帝一岁，汉质帝七岁，汉桓帝十四岁，汉灵帝十一岁，汉少帝十三岁，汉献帝自己也是八岁即位。

黄口小儿如何做天子？既然把政治权力集中到了靠世袭的皇家而不是靠选拔的政府，就必然会面临这样的困局。于是只能在皇权集团里面找成年人来代理皇权，与皇帝关系最近的自然是同姓宗室（也就是刘家人），但是同姓宗室对皇位都有或多或少的继承权，有篡位的危险，所以只能从皇帝的母家和妻家找成年人了，一般会找太后的老爹或者兄弟来辅政，这就是外戚。

外戚虽然不姓刘，当不了皇帝，但是权力的滋味尝过以后又岂能放手。于是他们会想尽办法延长掌权时间，如果皇帝去世，他们会在宗室里面找年龄尽可能小的孩子当新皇帝，这样在小皇帝亲政之前就可以一直掌权。可以说，外戚专政加剧了东汉皇帝的低龄化。

但随着小皇帝慢慢长大，懂得了权力的好处，当然不能容名不正言不顺的外戚把持皇权。但是外戚掌权既久，掌控了军政部门，即便有士大夫等反对力量，皇帝也联系不上。所以皇帝只能靠身边的宦官来扳倒外戚，一般是通过宦官在宫中政变，掌握尚书台、禁卫军等要害部门，通过政令和军队消灭外戚。

按说外戚被灭过一两个以后，后面的外戚应该警惕掌权太久的危险，积极寻求退路，但此时的皇权已经是高度集权的状态，他们已经无法退出了。

集权实质上是侵蚀他人的权力，将之集中到自己手上，并借此逼迫他人就范的一种权力分配形式。所以掌权的人一旦失去权力，人身安全就不能保证，而且集权程度越强，掌权者越危险。所以外戚们实际上退无可退，只能强撑着，甚至像汉顺帝的大舅子梁冀那样铤而走险毒死对其不满的汉质帝，直到被皇帝和宦官收拾掉为止。

为了保证对尚书台的掌控，东汉中后期的皇帝多通过中常侍和小黄门直接给尚书台下令。

中常侍并没有实职，本来是给贵族子弟的加官，得此官的贵族子弟留居宫中，作为皇帝的顾问。汉光武帝因为中常侍居留宫中，为免生事，全部用阉人充任。小黄门则一向是阉人担任，居住在内宫，整理尚书台的反馈，上报给皇帝，也为宫中的公主、太妃之类服务。汉和帝皇后邓绥掌权时，因是女主，不愿跟士人担任的黄门侍郎接触，而直接用阉人担任的小黄门给尚书台下旨，于是阉人担任的中常侍和小黄门逐渐成为要职。东汉中后期的皇帝夺权后就借用这条现成的通道，通过自己信得过的宦官来行使皇权。

这样一来，宦官成了权力传递道路上的关键节点，当然可以利用这个便利上下其手，操纵政治，而皇帝对此也睁一只眼闭一只眼，没有大臣拼死弹劾就纵容宦官们为非作歹。毕竟对这些长期权力缺失的皇帝而言，只要皇权在手就可以了，老百姓是不是被宦官欺压那是次要的。

现在我们就可以看到，汉光武帝刘秀为了集权设立的尚书台，实际上成为促进皇权集团内部争权夺利的祸胎。因为尚书台权力集中，只要控制尚书台就可以行使皇权，而且刘秀有意让尚书令权力重大的同时官职低微（位卑权重），以便控制，导致尚书台也容易被皇帝以外的其他人控制。所以东汉的高层争权目标少而固定，比西汉要方便快捷得多，大家自然争得更加激烈。

本文中提到的侍中、散骑、尚书、中常侍、黄门侍郎这些官职，原本大多隶属于九卿之一的少府。少府的职责是掌管皇家财务，离皇帝较近，随着皇权上涨，少府门下的这些小官的权势都水涨船高，凌驾于宰相之上，可见皇权对政府的扭曲。

在东汉皇权集团的三巨头——皇帝、外戚、宦官里面，对政治的责任感是递减的。

皇帝不论能力如何，主观上一般还是希望政治清明的，毕竟是自己家的江山；外戚不能像皇帝一样将权势传之子孙，责任感要弱些，但多出自东汉功臣世家，对国家有一定认同，有的还受士人风习影响，重视名誉，也还有邓骘（汉和帝大舅子）、梁商（汉顺帝老丈人）这样的贤明之辈；唯有宦官原是下贱的奴仆，不存在理想，自己一般也没有子孙，不在乎身后和家族，只追求这一世的享受，于是尽情地干各种不法的勾当，使政治急剧败坏，遭到士大夫的切齿痛恨。

因为中常侍和小黄门的这条快捷通道，离皇帝更近的宦官逐渐取得了对外戚的优势，外戚本来是迫害士大夫的邪恶BOSS，后期也要跟士大夫联手来对抗宦官了。汉桓帝的大舅子窦武就跟士大夫领袖太傅陈蕃联手诛杀宦官，结果事机不密，反为宦官所杀。宦官借此还兴起第二次党锢之祸，将天下正直之士清扫一空。

这个时候的宦官已经形成了一股势力，成为整个权力系统中的毒瘤。上有禁卫军畏惧宦官，中有宦官亲戚把持了许多重要官位，下有部分地方豪族与宦官勾结，鱼肉乡里。宦官的权力黑手体系化，政变时敢劫持窦太后。宦官不再是皇帝的家奴，反而是皇帝的父母，汉灵帝就常说“张常侍（张让）是我父，赵常侍（赵忠）是我母”，中央政府实际上已经无力清除宦官势力。

宦官成了皇帝的爹娘

当宦官形成势力的时候，连皇帝都是受到限制的。汉灵帝以旁支继承汉桓帝的皇位，先是奉汉桓帝的皇后窦妙为皇太后，窦太后的兄长窦武谋诛宦官，反为宦官所杀，窦太后也被幽禁。这时汉灵帝的亲妈董太后逐渐干政，为免董氏外戚成为威胁，宦官支持出身低微的屠户之妹何皇后，十常侍头目张让的养子娶了何皇后的妹妹，双方结为同盟。

汉灵帝对何皇后相当宠爱，何皇后就在宫中横行霸道，肆意迫害有威胁的宫女。宫女如果怀了汉灵帝的孩子，为了避免迫害往往自己流掉。汉灵帝的美人王荣原本也打算流掉自己的孩子，但这孩子生命顽强，吃了药居然流不掉。王荣又梦见自己背负着太阳行走，觉得这孩子可能是贵人，就没再去流，生了下来。这孩子就是刘协，也就是日后的汉献帝。

何皇后一看居然还有漏网之鱼，大怒，当即毒死了王荣。这下惹怒了汉灵帝，准备废了何皇后。但何皇后是宦官们拿来抗衡董太后的工具，当然不能就这么毁了，于是宦官们死乞白赖，让汉灵帝改了主意。

但是汉灵帝不喜欢何皇后的儿子刘辩，而是喜欢更聪明的刘协，想立刘协为太子，他担心刘协也被何皇后害死，就让董太后抚养刘协，于是刘协就得名“董侯”。而何皇后也担心有人害刘辩，就把刘辩寄养在据说精通道术的史道人家，刘辩得名“史侯”。

何皇后的哥哥何进这时担任大将军，主持平定了黄巾之乱，借机把兵权掌握在手中。汉灵帝想推刘协上位，必须先从何进手中夺回军权，于是任命武艺高强的宦官蹇硕组建了一支新军，就是所谓的“西园八校尉”。汉灵帝以蹇硕为上军校尉，统帅西园军，规定首都洛阳的其他军队也归蹇硕指挥，同时又提拔董太后的侄子董重担任骠骑将军，制衡何进。

但是好景不长，荒淫无度的汉灵帝三十出头就翘了辫子。蹇硕想搞兵变干掉何进，又被手下司马潘隐通风报信，让何进跑了。蹇硕又想联合十常侍的头目张让、赵忠等一起杀何进，但蹇硕的官位只是小黄门而已，十常侍是宦官界的老前辈，哪里把蹇硕放在眼里，不但不从，还跟何进合作干掉了蹇硕。董太后的势力因此大衰，何皇后之子刘辩顺利即位，是为汉少帝。

十常侍以为自己又渡过了一次惊险刺激的权力交接，可以高枕无忧了。何皇后（此时已晋升为何太后）以及何进的弟弟何苗确实对十常侍很满意，但何进觉得他们能量太大，睡不安枕，也想学窦武诛杀宦官，就跟士大夫的领袖袁绍合谋这件事。

东汉的宦官一贯在宫廷各种势力里翻云覆雨、纵横捭阖，看何家这么不上道，就转而扶持以前一直打压的董太后（此时已晋升为太皇太后），想利用董太后和董重的力量制衡何进。但何进先下手为强，以董太后并非汉桓帝妃子而是地方王侯之妻为由，将其驱逐回藩国居住，同时逼骠骑将军董重自杀，董太后也不明不白地死在回家的路上。

汉献帝在出生之前就差点被流掉，一出生亲妈被毒死，才八岁亲爹就病死，把自己养大的亲奶奶也被弄死，还没当皇帝，就因为皇权集团的内斗惨成这样，将来无法重振因集权而劣化的皇权集团，也很正常，锅不该全由他来背。

虽然何进取得了先机，又手握禁军，但宦官势力在中央盘根错节，十分猖獗。禁军害怕宦官，何太后、何苗也没有信心与宦官为敌，如果一定要灭宦官，并不像曹操说的那样“一狱吏足矣”，何进和袁绍只能找地方势力帮忙。

但是，何进没有意识到，宦官的肆虐源于皇帝的权威，宦官实际上是皇权集团的一员，是皇帝的代理人。让地方势力清洗宦官，其实也就是清洗了皇权和中央的权威，也包括他自己的权威。后来的晚唐，宦官因为掌握了神策军，比东汉更猖獗，宰相崔胤也是招引军阀朱温清洗宦官。结果朱温顺势掌控了唐朝皇帝，干掉了崔胤，最终篡夺了唐朝。

何进和袁绍派了王匡、鲍信等人去募兵，同时召集地方势力丁原、董卓等进京，威胁何太后，其中兵力最强的是董卓。何进曾经提拔董卓当东中郎将讨伐黄巾，后来又重用他平定西凉，认为自己对董卓恩重如山。袁绍的叔叔袁隗曾经征辟董卓为掾属，所以袁绍认为董卓是袁家的门生故吏，一定会听从袁家的指挥，有借董卓之力消灭宦官后再连何进一起消灭的意思。

两边都以为董卓是自己的亲信，但实际上董卓谁的亲信都不是，而是野心极强的一代枭雄。

不久，感觉大祸临头的宦官铤而走险，把何进诓进宫里干掉。袁绍、袁术等人趁势带兵进攻，对宦官进行绝种性屠杀，胡子少的人也被错认为宦官干掉不少，宫中一片大乱。十常侍之首张让等挟持汉少帝刘辩和陈留王刘协逃到黄河边上，因无法摆脱追兵，宦官们集体投河自杀，汉朝的皇权也成了这些宦官的陪葬品。

董卓的部队找到刘辩、刘协兄弟时，刘辩吓得战战兢兢说不出话。刘协可能是经历的磨难较多，毫不怯场，对董卓的询问对答如流，董卓对他印象甚佳，又因为他是跟董卓同姓的董太后养大的，小时候被称为“董侯”，董卓认为他跟自己有渊源，就有了立他为帝的心思。

董卓率军进京以后，一系列指南打北、指东打西的高招，把何进系统的袁绍、袁术、丁原、鲍信等人杀的杀、赶的赶，掌控了中央政权。就这样，皇权集团因为自身的劣化，里面包含皇帝在内的所有成员都失去了权柄，权力落入地方军阀之手。

董卓废掉了汉少帝刘辩，改立刘协为帝，这就是东汉最后一个皇帝汉献帝。不久汉少帝、何太后都被董卓干掉。汉献帝从登基开始就是傀儡，皇权集团已经毁灭，他能够一直傀儡下去，没有像兄长汉少帝一样死于非命，已经是很不容易了。

汉武帝与孟子消灭了汉朝

汉献帝虽然不掌握权柄，但也未尝不可以作为一个吉祥物皇帝一直存在下去。汉朝到这时，除了王莽代汉的短暂插曲，已经延续了四百多年，合法性极强，人民也习惯了以汉人、汉家自居。如果曹丕只掌权，不篡位，像日本的幕府将军那样，还让汉献帝坐在君位上，似乎也不是完全不可能。

有一种说法认为，曹操拥立汉献帝，汉献帝却用衣带诏谋害曹操，是忘恩负义，与曹家结下了死仇，曹家不弄死他就会死无葬身之地，所以曹丕篡汉后没杀他已经够宽宏大量了，不可能不篡汉的。

对照日本史来看，这种说法其实似是而非。日本天皇并不是从第一个幕府（镰仓幕府）建立开始就完全是吉祥物的，相反，日本天皇一直在跟镰仓幕府博弈。镰仓幕府后期，正是在后醍醐天皇的号召下，各派势力推翻了镰仓幕府。而面对继镰仓幕府而起的室町幕府，后醍醐天皇更是号召了一帮领主，跟室町幕府分立为南北朝，打了几十年才罢休。这天皇一门跟幕府说得上仇深似海，最后室町幕府也还是奉天皇当吉祥物，没有把天皇家推翻，改朝换代。

所以曹丕要不要篡汉，重点不在于有没有恩怨，而在于其他方面，归根结底，还是因为汉朝从汉武帝以后皇权太集中。

前面说了，集权实质上是侵蚀他人的权力，将之集中到自己手上，并借此逼迫他人就范的一种权力分配形式，所以掌权的人一旦失去权力，人身安全就不能保证，所以掌权者不能退出。不但皇权集团内部的那一票人谁也不能退出，皇权集团与替代它的新兴权力体双方也是谁也不能退出。

西汉初年的君相分工其实很理想，皇帝不管政事就不会出错，威信很高，宰相也就不会想着篡权，只专心理政，形成一种君相共和的局面。但汉朝皇帝从汉武帝开始就不停地侵夺相权，到汉光武帝用尚书台夺走三公很大一部分权力，算是一个阶段性的成果。

尚书台虽然人数还不是很多，不能完全取代三公的行政功能，但是分割了最关键的决策权和选举权，成了权力集中的机构。权臣正好通过掌控现成的尚书台来实现专权，东汉外戚就通过录尚书事抓权，权臣也一样。

曹操当丞相的时候，觉得应付汉室很麻烦，经常离开首都许都，在邺城居住，有时候还让尚书令荀彧到邺城办公，相权直接取代了原来皇权的位置。

但这时的君相制度已经没有共和可言了，皇帝因为经常出错，权威动摇，使得臣子觊觎权柄；臣子夺得权柄，其身份却没有皇帝神圣，从法理上来说不能像皇帝那样终身占有权柄，也不能像皇帝那样将权力传给子孙。这样宰相的处境就十分危险和尴尬，因为他们的地位不如皇帝稳固，比皇帝更容易被其他大臣夺走权力，或者也可能被皇帝夺回大权。

权力高度集中以后，如果失去了权力，皇帝因为身份的高贵还有可能被当成吉祥物供着，宰相却连这条后路都没有，只能满门死绝。曹操还能够凭着盖世功劳从容地当一世丞相，毕竟要篡夺四百年的汉朝，思想上的障碍不那么容易克服。曹丕则无功上位，比曹操还不安全，只好篡了汉朝，让自己变成皇帝，把到手的权力从法理上固定下来，好保证家族安全。

这是从宰相的角度着眼。从汉朝皇帝的角度着眼还有另一个原因，那就是从孟子以来“民贵君轻”的革命传统。

孔子创立儒学以后，在战国时代“儒分为八”，但其中最重要的是荀子的礼乐派和子思、孟子的仁义派。礼乐派强调对人民的约束，后来衍生出变态地推崇君权的法家；仁义派则重视人民的权利，念念不忘对君主的防备，提出了“民为贵，社稷次之，君为轻”“君视臣如草芥，臣视君如寇仇”“闻诛一夫纣（商纣王）矣，未闻弑君也”等一系列防范绝对君权的理论。

到了汉初，大一统的秦制帝国已成定局。为了在新形势下生存，董仲舒将儒家与道家、阴阳家的部分思想融合，推出了带有神学色彩的“新儒学”。董仲舒将皇帝神化，承认皇帝是上天之子，用君权神授加强皇帝的合法性，但因为皇帝集权程度太高，如果为恶，危害极大。董仲舒即便对秦制有所妥协，毕竟还是儒生，在学说中设计了制约办法：皇帝作恶会被上天用山崩、地震之类的灾异惩罚，要是怙恶不悛，上天就会颁布旨意，让皇帝像尧舜禅让一样，把皇位禅让给贤人。

对君权的制约，不能不说是思孟一派革命思想的影响，但这实际上打破了皇权恒定的原则，相比于欧洲的君权神授来说打了一个大大的折扣。如果皇帝还像汉初那样（这也是儒生的理想），不去管具体政务，如果失政锅就可以甩给宰相，皇帝换个宰相就行，实际上皇帝的地位还是很稳的。但这样的话皇帝就不能为所欲为、穷奢极侈，权力欲极强的汉武帝不能容忍，大肆侵夺政府权力，但自己又搞得民不聊生，天下户口减半，汉朝皇帝的合法性就产生了动摇。

从汉武帝之子汉昭帝时开始，就不断地有儒生、方士认为汉朝的刘姓皇室气数已尽，建议皇帝禅让。禅让是国家根本大法儒学里面的内容，皇帝虽然找了罪名把这些人杀了，但也不敢把“禅让”本身污名化。甚至汉哀帝还真禅让了一次，只不过是改了个姓氏，自己禅给自己而已。到后来大家对汉朝越来越失望，就拥戴王莽取代汉朝，认为王莽是足以改善汉朝政治的贤人。

可惜王莽施政太过理想化，不但没能解决问题，反而激化了政治矛盾，王莽的朝廷也在无能的施政中灭亡。汉朝虽然灭亡了一次，但新莽王朝被东汉官方以神学体系里意外出现的“闰位”解释过去，而且因为汉室复兴，反而给天下人以汉朝果然天命在身的感觉。为了避免儒生拿神学来威胁皇帝，刘秀还带头搞谶纬神学，由皇家垄断了谶纬神学的解释权。这种情况下，东汉皇帝只要干得不是太过分，地位应该是比较稳的。

但皇权如此高度集中，连上天都无法制约，不由得皇帝不胡作非为。皇帝不胡作非为，不代表自己的代理人宦官不胡作非为。东汉王朝在皇权集团集体作恶下崩溃，只能由力量强大的地方军阀曹操来收拾局势。

曹操、曹丕虽然掌握了大权，但面对绵延四百年、合法性极强的汉朝，如果没有足够的理论依据，他们是很难把汉朝推翻，自己当皇帝的。但是，西汉以前儒家的“皇帝不好可以换”的理论和王莽的篡汉实践，帮了曹丕很大的忙。

最终，皇权过于集中的政治状况和“皇帝不好可以换”的革命理论，决定了汉朝只能灭亡，汉朝皇帝不能像日本天皇那样成为万世一系的吉祥物，在历史的关键节点（如日本的明治维新）发挥作用。

垂死挣扎与卷土重来

统治中原四百多年的汉朝居然会灭亡，这在当时人们的心目中是不可想象的。魏晋禅让对人心造成了极大的震撼，魏晋以来的皇帝再也没有汉朝皇室积累四百多年的强大合法性，只好向士大夫让渡大量政治权力，显得十分脆弱，但皇权绝不甘心退出历史舞台，即使注定衰落也还要挣扎一番。

皇帝合法性脆弱时，一个人单打独斗的力量是不够的。东汉的政治证明了皇权集团里面的外戚、宦官都是不行的，曹魏和西晋的皇帝只好把皇权分享给宗室，指望宗室能够帮着守护皇室。

曹魏时期担心近支宗室对皇权的威胁太大，主要把权力给予远支宗室，像曹丕就防着两个亲弟弟曹彰、曹植，却放心任用曹真、曹休、夏侯尚这些干亲戚或者远房亲戚。但远支宗室的合法性毕竟不及近支宗室，所以曹魏的远支宗室曹爽一党被司马懿发动政变一锅端了，司马氏也趁势篡魏为晋。

西晋的开国皇帝司马炎觉得远支宗室不够给力，为了安全，把皇权分享给近支宗室。司马炎把叔叔、兄弟、儿子都封王，给予地方大权。但是因为继承皇位的司马炎之子司马衷是弱智，这些近支宗室离皇权太近，个个觊觎皇权，引发了一轮又一轮的自相残杀，就是所谓的“八王之乱”。最终西晋在自相残杀中被趁乱崛起的匈奴人灭亡，中原也脱离汉人王朝的控制，落入鲜卑、匈奴、羯、氐、羌等五胡政权之手。

到了在江南立国的东晋，天下对司马氏皇室或者皇帝制度本身已经厌弃，晋朝皇室的力量又基本被胡人全歼，东晋王朝是逃亡到江南的侨姓士族和江南本土的吴姓士族拥立起来的，大权被几家士族轮流掌握。东晋皇帝大部分时候完全成了吉祥物，皇权完成了从肆虐到毁灭的系统闭环。

东晋皇权的衰落，是皇权政治自行演变的必然结局。皇权侵夺政府权，实际上给自己早早地判了死刑，皇帝集中了权力以后为了保持权力，必然不惜导致政治劣化，政治持续劣化下去，必然天下大乱。而因为东汉以来地方豪族日益壮大，西晋皇权集团灭亡以后，他们有能力接盘，主导政治运行下去，所以形成了皇权缺位的东晋门阀政治。

门阀政治下，中国开始摆脱秦汉的极端专制体制，产生真正意义上的政治文明，文化全面繁荣，物权意识初步奠定，社会观念逐渐从“普天之下莫非王土”转变为“王者不得制人之私”。但是，在这些可喜的转型背后，皇权和官僚帝国的那一套话语逻辑仍在。士族毕竟不是先秦或者欧洲的那种贵族，对官职只有优先担任权而没有垄断权，士族之间对官职的竞争相当激烈，所以王导、庾亮、桓温、谢安等士族纵然当权，也没有底气和能力去改变皇权政治的那一套话语。皇权确实是衰落了，但是它在名义上依然是至高无上的，只要有机缘，它就会起死回生，卷土重来。

当东晋后期，士族对军权的掌握松动的时候，首先是皇帝通过掌握军权而出现了皇权复兴的苗头。但生于深宫之中的皇帝并没有掌控局势的能力，复兴皇权的晋孝武帝和他的宰相弟弟司马道子都是平庸无能之辈，经过孙恩起义、桓玄篡位等连番动荡，最终军队首领刘裕掌握了政权，推翻东晋，自立为帝，开启了南朝一百多年的历史，实现了真正的皇权复兴。

但是南朝皇权的合法性比西晋更低，于是宋、齐、梁、陈的皇帝都不得不重用宗室来帮忙守护皇室。但宗室对皇位的觊觎使得南朝一遍又一遍地重演八王之乱。宋、齐宗室同室操戈，屠戮之惨比西晋更甚。梁朝虽然因为梁武帝措施得当，相对稳定，但是当梁武帝丧生于侯景之乱后，宗室之间的残杀不在宋齐之下。陈朝也多有宗室图谋皇位，如陈宣帝就是篡位上台。南朝的皇权陷入了严重的困境，无法再造秩序井然的帝国。

然而与此同时，北方胡族从血与火之中淬炼出来的政权，成了三百年大分裂时代的历史出口。北朝虽然也采用了士族制度，对部落贵族和中原士族让渡了部分国家权力，但其征服者的底色和崇尚武力的传统使得国家权力始终较强。在秦制的诞生地关中，更是先后兴起了十六国中的前秦和北朝中的北周这样的秦制国家，并且随着北周及其后继者隋朝的统一全国，秦制被再度推行到华夏各地。

这一次，卷土重来的秦制帝国学聪明了，经过魏晋南北朝三百年的风流激荡，皇帝们已经知道了哪些东西会威胁到他们的帝国，像汉末以为太平道（即后来的黄巾起义军）有助于帮朝廷维护地方秩序这样没经验的想法再也不会有了，皇帝在瓦解社会势力方面进行了大量的实践。唐玄宗将宗室们集中安置在十六宅以后，贵族们无法再通过扶植宗室争位来影响国政；朱温将出身山东士族的大批唐朝高官扔进黄河以后，贵族政治的传统实际上已经终结；黄巢之乱的残杀和由藩镇演变而来的五代十国对地方统治的加强，使得士族无法凭借其身份和家族实力来染指政治，士族政治终于走向了终结。此后皇权失范时再也没有稳定的社会力量来对政治进行平稳过渡，只有散沙化的乱兵和乱民纠集在一起，形成缺乏传统的临时结合体，攫取新的皇权，造成巨大的震荡。天子者，兵强马壮者为之耳！

然而，唐宋第二帝国毕竟是经过贵族精神洗礼的帝国，在文明程度、民间活力、包容精神、政府作为、社会福利等许多方面已经完胜秦汉第一帝国，说是中国古代社会的顶峰也不为过。而秦汉皇权在汉末的崩塌，则是唐宋帝国缔造的开始。

伏皇后

{叁}

功臣集团的绝唱

汉献帝刘协与他的皇后伏寿，一辈子相濡以沫，感情深厚。伏皇后对汉朝的社稷全力支持，但这并不完全是出于感情，而是有家族因素在内。

伏皇后，名寿，琅琊东武（今山东诸城）人，是东汉初年大司徒伏湛的八世孙，其家族世代显官，其父伏完袭爵不其侯，娶汉桓帝长女阳安长公主。从这份家族履历上可以看出，伏氏家族与汉朝是利益攸关、休戚与共的。

在汉末三国时代，这样与汉朝相终始的家族还有许多，伏氏不过是其中之一。这些家族有一个共同点，就是都出自东汉初年的功臣集团。

丰沛集团与云台二十八将

东汉初年的开国功臣，最著名的自然是耿弇、冯异为首的“云台二十八将”。这二十八人为汉光武帝刘秀东征西讨，平定诸多割据势力，功劳甚大。汉明帝刘庄即位后，光武帝时的宿将多已凋零，汉明帝思念功臣，在南宫云台阁上画了二十八人的画像，上应二十八宿，是为“云台二十八将”。

在云台二十八将之外，东汉还有一些开国功臣，比如一代名将马援，论战绩在云台二十八将里面可以排进前三，但因为是汉明帝的岳父，为了防止外戚势力坐大也为了表示不徇私，汉明帝就没画他。此外还有东汉初年的文吏集团，也为东汉开国做出了巨大贡献，如伏皇后的祖宗伏湛、名臣侯霸，先后担任三公之一的大司徒。

这些人共同构成了东汉功臣集团，但其中以军功集团“云台二十八将”为核心。历朝历代开国时，军功集团都是主要的倚仗力量，因各朝代的做法不同，军功集团的地位和作用也很不一样，但大部分时候对政权都有重要影响，对比西汉与东汉的军功集团，可以发现很多东西。

夏商周三代是世官世禄制，即便朝代更替，统兵的也多是王室贵族，其地位不会因为军功而有翻天覆地的变化，更难形成以军功为纽带的集团势力。战国时代各国变法，平民通过军功，地位可以获得不同程度的上升。在秦灭六国之后，其实存在一个以蒙骜、王翦等世代将门为代表的军功集团，但秦统一之后也一直在打仗，北击胡南击越，一直打到自己灭亡，军功集团难以在战场以外的地方发挥作用。

西汉初年，汉高祖刘邦以一介布衣，诛秦灭楚，夺取天下，他那些沛县、丰县一带的老乡出了大力，如樊哙、灌婴、周勃、夏侯婴等。刘邦少年时也是游侠出身，很讲义气，厚待这些老兄弟，给他们分封了大量的田产，也让他们垄断了政府的高官，出现了皇帝“与功臣共天下”的局面。

这里要多说一句，刘邦虽然也有杀功臣的记录，但那主要是杀韩信、彭越、英布等异姓王。这里面有帝国制与封建制的矛盾，也有效仿商周用同姓诸侯取代异姓诸侯的意思，而被杀的这些诸侯王也多是半路与刘邦合作，跟刘邦的私人关系不算亲密。对于丰沛的老兄弟，刘邦则十分厚道，连多次背叛自己的雍齿都没计较，给封了个什邡侯（虽然比较偏远），别说其他关系好的了。这些老兄弟组成丰沛功臣集团，对汉初政局有巨大的影响。

在知恩图报这一点上，刘邦因为游侠精神，大体上做得还是不错的。丰沛集团也基本垄断了汉高祖到汉武帝初期的丞相职位，还一度灭掉了想变天的吕后家属。其强大的力量也能制衡皇权，形成君相共和的局面，使皇帝难以为所欲为，可以说汉初的“文景之治”有他们的一份功劳。

但是丰沛集团凋零得也很快，到汉武帝前期，已经有一半以上的家族没落了。这有多方面的原因，首先汉承秦制，法律十分苛刻，功臣们经常因为小过失就被罢官、夺爵；其次汉初功臣多是平民，即所谓“布衣将相”，对家教没有大家族那么重视，子孙以纨绔子弟居多，也难以撑起政治局面；再者汉文帝、汉景帝虽然没有汉武帝变态，也在抓住机会对功臣集团进行打击，如汉文帝把周勃下狱，汉景帝逼死周亚夫等，更别说汉武帝那种翻天覆地的折腾法了。

所以汉武帝以后，丰沛集团在政坛上基本销声匿迹。西汉的军功集团就像是烟花，升空的时候绚烂无比、大红大紫，但很快就放完了，完了以后还痕迹全无。所以到西汉末年王莽代汉的时候，已经没有与汉朝渊源甚深的功臣世家来护卫汉朝了。

汉光武帝刘秀对西汉军功集团的演变肯定十分了解，所以怎样对待东汉的军功集团，他有自己的想法。东汉统一天下之后，刘秀采用了“退功臣而进文吏”的施政方针，赏赐军功集团大量田产、钱财，封很高的爵位，但除了留下邓禹、贾复、吴汉三人顾问国政之外，不让他们担任政府官员，政府官员全部用没有军功的文吏充当。

刘秀的做法，度量不及汉高祖，不愿意跟功臣分享政权，这样皇权就比西汉更加集中；但同时也确实有保全功臣的意思，因为功臣担任具体官职不一定能胜任，如果办砸了差使，处罚吧刘秀不忍，不罚吧国法何在。像云台二十八将里面的耿纯担任东郡太守时，就因为造成属下自杀被免官，刘隆担任南郡太守时，也曾经因为推行度田政策不力被贬为庶人。

刘秀虽然号称以“柔术”治国，但对担任具体官职的文吏是很苛刻和暴力的，动不动就鞭笞，甚至轻易地就判死刑。他不让功臣担任具体的官职，可以避免为了优礼功臣而影响国事，也可以避免功臣因为职务犯罪而家族败落，可以说东汉军功集团交出了政治权力，换取了家族安全。但刘秀也不是让军功集团集体当吉祥物就完了，对军功集团将来怎样发挥作用，他也是有安排的。

汉室的根基

这些功臣虽然退出了政府，但是拥有崇高的地位和超然的身份。刘秀以后，东汉皇帝跟他们世代联姻，指望在皇权遇到危机时，借助他们的力量扶保东汉王朝。而东汉军功集团在新的社会、政治情况下，生存能力也确实比西汉的丰沛集团要强，很多都绵延到了东汉后期，甚至三国时代。

因为从西汉后期的汉元帝以来，朝廷放弃了打击豪族，豪强大族的力量茁壮成长。东汉本就是南阳、河西、河北三派豪族共同拥戴起来的政权，已经是六朝贵族社会的前夜。从刘秀开始，对豪族就不敢也不能彻底打击，东汉的法律远不及西汉苛刻，功臣犯法的概率就降低了；因为功臣不掌握政权，被皇帝故意打击和行政失误的概率也降低了，所以他们能够绵延多代。

又因为功臣多是豪族出身，比平民出身的西汉功臣重视教育，子孙后代人才辈出，能够担起政治的重担。所以东汉皇帝多与功臣子女联姻，指望他们帮忙应对突发的危机。而当东汉诸多皇帝年幼即位时，确实是这些出自功臣集团的外戚辅政，帮皇家打理政权。

从东汉第二个皇帝汉明帝开始，凡是娶了妻的皇帝，除了汉安帝的阎皇后、汉灵帝的何皇后，其他的全部出自功臣世家。

汉明帝的皇后是功臣马援的小女儿，马援为汉光武帝平定陇西隗嚣，又西破羌人，南平交趾，是汉初有数的名将。汉章帝的皇后是窦融的曾孙女，窦融在新莽末年割据河西五郡，后来归顺汉朝，在功臣里面也能排进前几位，汉章帝死后，是窦皇后的兄长窦宪给年幼的汉和帝辅政。汉和帝的皇后邓绥是邓禹的孙女，邓禹是汉光武帝的同学，虽然军事才能一般，但有定策之功，是数一数二的大功臣。汉和帝死后，是邓皇后的兄长邓骘给年幼的汉安帝辅政。汉顺帝的皇后梁妠是梁统的玄孙女，梁统是窦融治下河西五郡的太守之一，跟随窦融降汉，虽然不太显赫，也是功臣世家。汉顺帝年幼时，梁皇后之父梁商辅政，死后则由梁皇后兄长梁冀给年幼的几个小皇帝辅政。汉献帝的皇后伏寿虽非出自军功集团，但也是汉初文吏功臣伏湛的八世孙，也是出自功臣世家。

应该说这些外戚大多数还是有几把刷子的，窦宪曾经消灭北匈奴，邓骘帮助汉朝渡过大灾连年的难关，梁商在汉顺帝朝“称为贤辅”，即使是最不成器的梁冀，虽然作恶多端，败乱政治，也从没想过谋朝篡位。汉光武帝的设想确实有合理的一面。

但是同时也有另一面，就是外戚与皇帝的争端。外戚与皇帝同为皇权集团的成员，外戚掌权实际上是皇权旁落，外戚与日渐长大的小皇帝必然发生权力冲突。刘秀当初也未必没有留下后手，从汉明帝开始，历代功臣世家的皇后都没有生过子女，说不定因为担心外戚篡权，汉室与功臣世家有什么密约。但更重要的是随着皇帝与外戚的争权一轮轮升级，皇帝开始有意对功臣集团下手。

汉桓帝从即位开始就处于梁冀的压制之下，还被迫娶了梁冀的妹妹梁女莹为皇后，日常生活都被监视，其愤懑可想而知。等梁女莹一死，汉桓帝就诛灭了梁冀，并且趁此机会把梁氏灭族，梁统一门至此败落。随后汉桓帝又立邓禹后人邓猛女为后，邓猛女因父亲早亡，与梁冀有亲，在梁家长大，一度冒姓梁氏。后来邓猛女骄横妒忌，汉桓帝可能从她身上看到了梁冀的影子，厌恶之下把她也废了，把邓猛女的家人杀的杀，罢官的罢官，财产全部充公，邓禹一门也败落了。

梁、邓之后，汉桓帝又立窦融的后人窦妙为皇后，但这只是重复从功臣家选后的习惯，他对窦皇后并不怎么宠幸。好在他还没来得及把窦氏一门又干掉就翘辫子了。但窦家也没能逃脱败落的结局，窦妙的父亲窦武谋诛宦官，事败被杀，家属除已成为太后的窦妙之外，也被杀的被杀，流放的流放。窦妙自己也被软禁在云台，郁郁而终。

此外，东汉毕竟是延续了一两百年的大王朝，虽然东汉功臣世家的生存能力强于西汉，但到末年也因各种变故凋零了不少。如云台二十八将里祭遵无子，爵位转入堂弟祭肜一支，祭肜之子祭参在辽东被鲜卑击败，下狱而死，祭氏败落；寇恂曾孙寇荣在汉桓帝时遭到宦官的陷害，逃窜数年依然被杀，宗族免官，寇氏败落；岑彭后裔岑晊是党人领袖“八俊”之一，因打击宦官势力，党锢之祸中被追杀，逃亡深山，岑氏也败落。

但即便如此，到东汉末年，也还有一些功臣世家活跃在政治舞台上。他们在汉末三国的浪潮中，绝大部分为汉室效力，不少人为汉室杀身成仁，可谓克绍箕裘，没有贻羞先祖。

功臣世家的集体败落

东汉末年，东汉功臣世家本来还有一些军政实力，但是有一个人给他们造成了巨大损失，这个人就是袁术。

关东诸侯群起讨董的时候，袁术正待在南阳，他也想响应，但苦于手里无兵。就在这时，江东猛虎、长沙太守孙坚带兵北上讨董，一路上却先砍了荆州刺史琅琊王睿，后砍了南阳太守颍川张咨。南阳郡的顶头上司荆州刺史和直接上司南阳太守都没了，一下子变成了三不管地带。这时四世三公的袁术趁机出来接盘，因为声望崇高，他一面收了孙坚当打手，一面又得到刘表的保举出任南阳太守，南阳从此就成了袁术的地盘。

东汉的开国皇帝汉光武帝就是南阳人，东汉王朝的三大基本盘就是南阳功臣、河北功臣、河西功臣，其中又以南阳功臣居首。云台二十八将出自南阳的有邓禹、吴汉、贾复、岑彭、马武、陈俊、杜茂、朱祐、刘隆、马成、任光等十一人，加上邻郡颍川的冯异、祭遵、铫期、臧宫、王霸、傅俊、坚镡等七人，则共计十八人，占到总数的一半以上。这还没算刘秀的亲戚樊宏、李通、来歙等世家，这些也都是南阳籍的豪族。

这些大贵族原本在南阳安居乐业，能力极大。当年开国皇帝刘秀想从豪强手中清丈田地（度田），从事具体工作的文吏都因为南阳功臣太多，互相打招呼，说“颍川、弘农可问，河南、南阳不可问”，导致度田失败。何况后来。

但袁术占据南阳以后，他们就倒了血霉了。袁术根本不顾及他家四世三公的声誉，军费不够了就带兵明抢，把南阳一带搞得乌烟瘴气、民不聊生，后来还去跟曹操争夺豫州，把路上的颍川等郡也祸害得不行（颍川郡此前已经被董卓的乱兵祸害过一次了）。许多功臣世家只好冒着破产的危险，一大家子人搬家到别处去，因为益州牧刘焉（刘璋之父）以前在南阳做官时实行宽政，又是他们要保护的汉室宗亲，所以其中相当一部分搬到了四川盆地，依附刘焉。

但也还有些东汉功臣后人跟着东汉朝廷东奔西跑。他们起初在首都洛阳做官，后来董卓为躲避关东联军，逼着百官迁都长安。司徒王允用计杀死董卓之后，董卓部将李傕、郭汜又攻陷长安，劫持皇室。不久李傕、郭汜又爆发内战，分别劫持天子、公卿，后来接受董卓另一员部将张济的调停，放汉室君臣东归，但又反悔追赶。最终汉献帝依仗黄巾军的分支白波贼帅杨奉、韩暹等人的部队抵抗李傕、郭汜的追兵，双方得以讲和，汉献帝回到洛阳。

东汉的煌煌帝都洛阳早已被董卓一把火烧得干干净净，这时成了一片瓦砾场，也没有吃的，朝廷公卿都自己出去采野菜充饥，有的就饿死在墙边路上，也有的被乱兵杀害，十分凄惨。幸亏曹操决定“挟天子以令诸侯”，将汉献帝迎接到许昌，汉室君臣的状况才有所改善。

伏家就是一直跟随汉献帝的功臣世家之一。伏氏原籍济南，远祖是西汉初年的大儒伏胜，秦始皇焚书坑儒，伏胜甘冒杀头的危险，暗中抄写《尚书》藏在墙壁夹层内。后来汉文帝搜集散佚的上古经典及其意旨，因伏胜年事已高，特意不召入朝，派晁错到伏胜家里学习，给予极高礼遇。后来汉朝官立的《尚书》博士欧阳生、大夏侯、小夏侯三家都出自伏胜门下，说伏胜是一代儒宗也不为过。

后来伏家世为名儒，伏胜玄孙伏孺在汉武帝时客居琅琊郡东武县讲学，就把家迁到了东武。伏胜九世孙伏湛不但儒学有成，吏才也十分出众。汉光武帝建国后，用伏湛为尚书，掌管机要，设计典章制度，后来伏湛升任三公之一的大司徒，还得到三千六百户的不其侯爵位，极尽尊荣。伏湛的子孙也修习儒学，享有汉朝官爵，有时还跟汉室联姻。伏湛的五世孙女是汉顺帝的贵人，六世孙伏完娶汉桓帝之女刘华，伏完之女伏寿是汉献帝皇后。

与汉室渊源如此深远、关系如此亲密的家族，其命运当然早已与汉室捆绑在一起。伏寿比汉献帝稍大，董卓肆虐的时候，她已经入宫为贵人。在李傕郭汜大乱斗，汉室最危险的时刻，她成为汉献帝的皇后，这预示着伏氏家族将会与汉室共存亡。

曹操迎接汉献帝之初，还未必有代汉之心，实行的是一种“霸者政治”，即承袭春秋时代的齐桓公、晋文公的做法，天子无力时，地方诸侯代为主持天下秩序。这从曹操给儿子曹丕起字子桓、曹彰起字子文也可以看出来，这时他跟汉室还比较和谐，跟东汉功臣后裔关系尚可。伏皇后之父伏完因此辞去了有实权的辅国将军，继续像先代功臣一样做散官。

但是，汉献帝不安于虚君实相的良好局面，试图夺回皇权，密诏让董承等诛杀曹操，结果事败，董承等都被灭族，董承之女董贵妃虽有身孕，也被曹操残杀，一尸两命，汉献帝求情也没用。这件事，不同的人可以有不同的看法，身为东汉功臣后裔的伏皇后却只能无条件地站在汉室一边，而且她也担心自己的处境，于是写信给父亲伏完，述说曹操的凶暴，让伏完想办法诛杀曹操。

东汉功臣在危难之际扶保政权，本来是汉光武帝刘秀以来的国策，皇权再怎样劣化，身为外戚的伏完也有责任挺身而出。但此时伏完已经交出了有实权的官职，而曹操的势力遍布朝野，根本没有机会，无奈之下伏完昏招迭出，把自己的宗族送上了不归路。

伏完想找尚书令荀彧倒曹，荀彧是扶助曹操创业的元老，自然不会答应，但他也不想看到汉室灭亡，所以没有举报。伏完又找妻弟樊普商议，樊普是汉光武帝的舅舅樊宏的后人，得东汉王朝厚待，世为南阳大族，此时却惧怕曹操，把事情向曹操举报。但这时曹操对于是否要篡汉还没有下定决心，所以没有贸然去杀皇后全家，以免破坏形象，伏完因此得以善终。

建安十三年（公元208年）赤壁之战，曹操大败于孙刘联军，战船大部分被烧毁，剩下的怕被孙刘得去，自己一把火烧了个精光。这些战船是荆州数十年经营的成果，不是短时间内能够造出来的。没了战船，曹操有生之年实际上已经不可能攻下江东，既然无法统一天下，为曹家建立连皇帝都无法动摇的威望，那就只能篡汉称帝，把自己的权力从法理上固定下来。所以，赤壁之战后曹操正式开始了篡汉的布局。

这时，伏皇后作为皇帝的枕边人，竟然想谋害自己，曹操就无法容忍了。而且篡汉之前，曹操有意成为汉朝的外戚，让自己的女儿做皇后，这样篡汉就成了政权从父家交到母家，可以减少一些阻力。那么现在的皇后伏寿就成了篡汉路上的绊脚石，于是曹操把伏皇后给伏完的信抖出来，找伏家算总账。

曹操先逼汉献帝用侮辱性的策书废掉伏皇后。伏皇后躲在墙壁后面，被御史大夫郗虑、尚书令华歆抓了出来，伏皇后求汉献帝救命，汉献帝表示自己都自身难保，何况救她，还问郗虑天下难道有过这样的事吗？毕竟当年王莽篡汉时也没有公然侮辱汉室。当然西汉也没有把君权搞得像东汉那么绝对，不许人议论，大家不满也还有发泄渠道，不必把不满积累起来然后用如此激烈的方式来表达。

伏皇后最终被曹操幽禁，她生的两个儿子也被毒死。伏氏宗族被灭族，应验了与汉室相始终的宿命。曹操的女儿曹节成为汉献帝的新皇后，曹操成为汉献帝的老丈人，曹丕成为汉献帝的大舅子，曹家成了汉朝的外戚，篡位只差最后一步了。

云台后人何在

东汉皇权的困境，我们这些后人也是通过上帝视角和历史经验才看出来，当时的人未必能看明白。伏氏因为汉室累世的恩情，选择与汉室共始终，无论如何是值得称赞的忠烈之举。而当时与汉室同生共死的功臣世家，绝不止伏氏一家，云台二十八将中耿弇的后人耿纪、冯异的后人冯熙，也都与篡汉的曹氏势不两立。

耿纪，字季行，扶风茂陵（今陕西新平）人，其高祖父耿国是东汉第一名将耿弇之弟。耿弇是刘秀手下韩信一般的人物，率领精锐的渔阳突骑帮刘秀平定河北，建立根据地，随后又单独统帅大军横扫山东，消灭了割据山东的张步势力，后转战各地也是战功卓著，在云台二十八将里虽然排名第四，但统兵能力当属第一（可能不及皇帝刘秀）。耿纪的曾祖父耿秉平定西域叛乱，又大破北匈奴，耿秉之弟耿夔也屡次击败匈奴、鲜卑、高句丽等，兄弟二人都堪称名将。

耿家可谓东汉名将世家，东汉名将大部分本来就是儒生，耿家虽然家传的是《老子》而非儒学，但到耿纪这会儿也是源远流长的文化士族。耿纪自己也年轻有为，少年时就名誉出众，被曹操征辟为丞相掾。这时曹操跟汉室还在合作期，敬重耿纪的才德俱佳，把他提拔到汉朝九卿之一少府的位置。虽然当时的实权在曹操的丞相府和荀彧领衔的尚书台，三公九卿只是荣誉职位，但也可见耿纪确实有真材实料。

到建安二十三年（公元218年），曹操篡汉的意图已经很明显了，布局接近完成。身为东汉功臣世家的耿纪自然无法坐视下去。他联合西汉名臣金日磾的后人金祎、太医令吉本、司直韦晃一同集合僮仆千余人起兵，想要诛杀为曹操看守许都的丞相长史王必，拥护汉献帝，据守许都这座大兵站，号召天下诸侯勤王。

可惜曹操的布置十分周密，耿纪等人虽然出其不意射伤王必，形势不错，但毕竟是没有经过训练的乌合之众，相持到天明，耿纪等人的家奴军已经不支，颍川的典农中郎将严匡也率屯田兵救援王必，家奴军被全歼。

事后，主谋耿纪等人全部被夷灭三族，曹操又借此清洗了一批汉朝公卿。许昌的亲汉派大受打击，再也没法组织政变了。耿纪志存忠烈，与汉朝同亡，不愧是东汉功臣扶风耿氏的苗裔。

另一位誓死不与曹魏合作的“东吴苏武”冯熙则是云台二十八将中冯异的后人。冯异也是文化人出身，精通《左传》和《孙子兵法》，战功虽不及耿弇，也相当骄人，统军平定了数十万骁勇善战的赤眉军。刘秀早年在河北被人追击，窘迫之际，冯异曾经亲自煮豆粥和麦饭、烧火烤衣服，激励刘秀反败为胜。冯异又性格谦虚，极有风度，每次诸将拿战功吹牛的时候冯异都不参与，远远地躲到大树下面，人称大树将军，可谓德才兼备的一代名将。

冯异是颍川人，家族在东汉也发展成颍川大族。颍川是东汉最发达的地区之一，文化十分繁盛，但处在四战之地，没能逃过董卓和袁术的祸害，冯家也因此败落，其后裔冯熙跑到了江东，出仕孙权。

冯熙应该是精于礼仪，在东吴主要从事外交工作，曾经出使蜀汉为刘备吊丧，后来又出使曹魏，为了维护孙权和东吴的形象顶撞了曹丕。曹丕不爽了，就让陈群用重利引诱冯熙降魏，这样就可以羞辱孙权一把。陈群与冯熙是同乡，此时是颍川士人的首领，在东汉这种乡土社会中，对同乡人士的号召力是极强的，开出的条件也十分诱人，但被冯熙断然拒绝。

曹丕又把冯熙关到摩陂，加以虐待，指望能胁迫他改变主意，觉得差不多了，再让人把冯熙接回来。冯熙不接受胁迫，在途中引刀自杀，幸亏被驾车的发现了，没有死成，但最终还是死在了曹魏。孙权听说这些事迹，认为冯熙可以跟北海牧羊十九年不降匈奴的苏武相提并论。

冯熙对曹魏如此决绝，除了世家子弟的荣誉感、文化人的信念之外，可能也有作为东汉功臣后裔，不能出仕灭汉仇人曹魏的意思吧！

伏寿、耿纪、冯熙之外，东汉功臣后裔还有一个大的去处，就是之前说过的益州。益州起初被宗室刘焉、刘璋父子统治，当时大量南阳人、关中人流浪到蜀中，南阳人中就有不少东汉功臣后裔。这些人一来对于益州土著而言也是外地人，跟刘焉父子境况相似，二来也因为刘焉父子是汉朝宗室，效力刘焉就是效力汉朝，三来刘焉曾经当过南阳太守，实行宽政，深得他们的心，他们就坚定地帮助刘焉镇压益州土著，这些流浪团体被合称为“东州兵”。

后来同是宗室的刘备夺取益州，并且成为群雄之中硕果仅存的汉朝宗室。东州集团的东汉功臣后裔自然别无选择，只能效力于刘备。而刘备的荆州集团也联合他们一起压制益州豪族，组建了外地人主导一切的蜀汉政权。

这些人里面有明说是东汉功臣后裔的，如后来的蜀汉重臣邓芝，是云台名将邓禹的后人；蜀汉名儒来敏，是刘秀姻亲、东汉名将来歙的后裔。但还有很多人，虽然没有明说是东汉功臣后裔，从其籍贯中可以发现与云台名将的联系。如后来的蜀汉能吏杜祺，南阳人，与云台名将杜茂籍贯相同，极有可能是杜茂后人；蜀汉后期的尚书令樊建，义阳人，虽与汉光武帝刘秀的舅家南阳樊氏籍贯不同，但相隔也不远，应该是樊氏旁支；此外还有刘备的心腹文臣陈震，没有入蜀，在家乡南阳直接被刘备征辟，他与云台名将陈俊籍贯相同，有可能是陈俊的后人。

蜀汉后期，出身荆州集团的丞相诸葛亮去世，荆州集团的其他大佬魏延、杨仪、蒋琬等也相继凋零。虽然是荆州人但属于东州集团的费祎主政后，大力提拔同属东州集团的南阳人，南阳的东汉功臣后裔不但成为蜀汉政权后期的支柱，而且成为蜀汉政权彰显自己继承汉朝的重要象征。直到蜀汉灭亡，这些东汉功臣后裔真正实现了与汉朝共存亡。也有一些出仕司马昭掌控下的曹魏以及之后的晋朝，其他人则回到荆州故乡。

军功集团看夕阳

东汉以后，因为社会环境的变化，军功集团的产生和作用与两汉有了很大的不同。东汉是豪族壮大的关键时期，豪族借助宗族血缘关系营建了庞大的关系网，为了扩充实力和笼络人才，他们还使用拟制宗族的办法，把没有血缘关系的人吸收进宗族，当成同族看待，而被吸收进来的人也自我认同为该宗族的一分子，为该宗族的利益奋战。在宗族和拟制宗族之外，豪族还与依附自己的宾客、奴仆、部曲建立了广泛的恩义关系，随时可以号召起巨大的人力，应对社会的各种挑战。

所以到了东汉末年，全国各地都遍布着这样的地头蛇，随着中央秩序崩溃，各地的地头蛇趁势而起，在群雄争霸的浪潮中经过一轮又一轮的淘洗，最终建立了三国。可以说三国的君主都是自带部众的豪族，这与白手起家的刘邦非常不同，与刘秀相比也是各有千秋。

最典型的就是曹操。曹操不管是不是宦官曹腾的亲孙子，至少从拟制宗族角度来说是曹家的一员，其父曹嵩做到过三公，可以说曹操出自三公的高官家族。虽然其祖、父不属于“清流士人”，但曹腾在宦官中名声算比较好的，所以曹操还不至于声名狼藉，能跟出身大士族的袁绍等人谈笑风生。曹操的家族在地方上也很强大，曹仁、曹纯等人都能养上千人的私兵，加上曹家通过拟制宗族体制吸纳的同郡（沛国谯县）夏侯氏、丁氏等大家族，当曹操决定争霸一方时，立即就可以拉起几千兵马。刘秀和他哥哥刘縯虽然振臂一呼也能拉起几千人，但其部众有许多是因为汉朝的声威来投，对刘秀兄弟的依附程度并不高，刘秀在夺天下的过程中也无法把权力集中在刘姓宗室和南阳邓氏、南阳李氏等外戚手中，这与曹操始终将大权集中在曹氏、夏侯氏宗族手中是非常不同的。

孙坚虽然出身孤微，但凭借为汉朝打平各种叛乱的功劳做到了二千石的高官，不但家族进化成武力豪族，而且还利用征辟、举荐的权力，在江东地区拥有了朱治等门生故吏。后来孙策攻打江东，大大地借助了孙氏宗族孙静、孙贲、孙辅、孙河，母系宗族吴景，门生故吏朱治等人的力量。在孙策、孙权的统治下，孙氏宗族孙奂、孙皎、孙韶、孙瑜、孙桓等人都担任要职，虽然没有曹氏、夏侯氏风光，也是东吴军政实力的重要组成部分，比之刘秀的宗族也要更强。

即便是实力最弱的刘备，也是大族涿郡刘氏的一员（该家族出过曹魏重臣刘放），也能纠合逃犯关羽和猛男张飞等一批徒众，并且后来也试图用拟制宗族的办法来扩大宗族力量，收养了寇氏之子寇封，改名刘封。当然，相比于刘秀，刘备势力的组织形式与刘邦更相似，因此，宗族势力不强的蜀汉也就对体现宗族势力的九品中正制没有兴趣，国家体制上保留了较多的秦制。

不过三国的军功集团不论强弱，都因为在士族社会缺乏家族底蕴而迅速凋零，绝大部分在子辈、孙辈已经败落。西晋的开国功臣大多是曹魏功臣的子弟，本身与士族重合。在灭吴之战中军功最大的杜预、王濬等人不是顶级士族，一向受到士族的歧视，并且都死在晋武帝司马炎之前，没能作为一个集团发挥作用。东晋在开国之初实际上依靠的是周玘、周访、甘卓、陶侃等吴地豪强（陶侃不算豪族），但在吴人帮东晋打平长江以南的广大地区后，北方南下的侨姓士族就将吴人排挤出政治中心，独占政权，吴人军功集团同样没能作为一个集团发挥作用。可见在两晋的贵族政治下，单靠打天下的事功已经不能占据最高层，军功集团的存在感也就下降了不少。

到了南朝，皇帝在防范士族的同时更防范军功集团，如宋之檀道济、裴方明、吴喜，齐之垣崇祖、荀伯玉、张敬儿，陈之侯安都等，都被皇帝所杀，士族与军功集团一起没落，一切大权掌握在皇帝的家族手中。

可以说从三国时代开始，中国已经进入豪族社会。豪族社会催生的帝王，家国同构的倾向比布衣天子更强，最高层的权力通常由自家人掌握，所以既出不了丰沛集团，也出不了云台二十八将。但也因此，其家族内斗对国政的影响更大，而且其他豪族的实力也与当权者一样在日益增加，势不能容一家一姓独占政权。于是当权者家族的内斗、其他家族与当权者家族的争斗，就成了魏晋南北朝的主旋律。

曹魏的司马懿与夏侯氏是儿女亲家，算是曹氏外戚，属于曹氏宗族的边缘人物，同时又具有士族的身份，通过政变血洗了独断朝廷的曹氏宗族，谋朝篡位。东吴则在孙权晚年打压江东大族，加强集权以后，政治演变为孙氏宗亲的宫斗，孙和、孙霸、孙峻、孙綝、孙大虎、孙亮、孙休之间的钩心斗角成了东吴后期历史的主要内容。西晋为了压制士族，把地方军政权力掌握在司马氏宗亲手里，结果爆发了宗室之间自相残杀的“八王之乱”。东晋的历史实际上是几个士族家族轮流当政，把皇帝家族赶到二线的过程。南朝宋齐梁陈又把权力回收到皇家宗族手中，结果重演了类似于“八王之乱”的一轮又一轮自相残杀。

十六国北朝也与东晋南朝相似，只不过他们的军功集团往往同时是部族首领，十六国和北朝政权为了压制他们，同样将大权集中在同姓宗室手中，而宗室之间的自相残杀比之南朝也不遑多让。直到隋唐，隋炀帝、唐太宗还在杀兄屠弟，争夺皇位。

这样的政治生态，带来了灾难也带来了机遇。皇权不稳确实时不时地造成天下震荡，但同时也让皇权难以铁板一块，覆盖社会的各个角落。西晋的“八王之乱”造成中国北方的人口锐减，是天大的灾难，但是极端专制的秦汉体制也随着“八王之乱”而成为历史，中国开始迈向唐宋第二帝国的辉煌。

到唐朝灭亡时，士族的力量已经被唐朝三百年的统治瓦解，五代十国的建立者们如朱温之流，多数出身低微，宗族不强且缺少人才，通过拟制宗族收义子，也因为宗族本身的弱小而难以得到义子们的效忠。在这种情况下，异姓军功集团再度成为历史舞台的主角。

只不过，经过魏晋南北朝皇权起伏的教训，朱温也好，朱元璋也好，都不会再有刘邦那种与老兄弟共享政权的侠义情怀，对这些老兄弟是必欲除之而后快，即便是宅心仁厚的赵匡胤，也要老兄弟完全放弃兵权和地位，才肯加以善待。而皇权最重要的制约力量从此也不再有力，皇权重新向极端专制狂飙突进。

袁绍

{肆}

关东的霸主
当不了天下的霸主

袁绍出身东汉末年四世三公的顶级士族之家，个人才略也十分出众，是曹操之前的华北霸主，并且实力远胜于曹操，最后在官渡之战中败给曹操，成就了曹操的霸业。

官渡之战固然是历史上一场重要的战役，袁绍在此战中也损失了七万大军，对其衰落有很大的影响。但袁曹争霸的过程远不止官渡之战，官渡之战的败因也远不是袁绍“不会用人”“优柔寡断”等浅层次的原因，贯穿于袁曹争霸过程始终的，是关东政权与普世政权的纷争。

曹操的胜利，是普世政权对关东政权的胜利。

袁曹争霸的具体内涵，我们还要从袁绍、曹操的出身，以及关东、关中两地的深刻差别说起。

关东与关西，不同的故事

袁绍，字本初，汝南汝阳（今河南周口）人，在汉代属于关东地区。汉代的关东、关中是以函谷关为界，函谷关以西是广义的关中，也可以称为关西；函谷关以东则称为关东，因为函谷关在崤山之中，关东也可以称为山东。因为上古时代华夏文明的中心在北中国，所以无论关中、关东，其主体大约都是指秦岭、淮河以北的地区。

关中、关东这两个地区，从商周以来，经过几千年的演变，形成了截然不同的传统。

关中地区的土地很肥沃，即《禹贡》所谓“雍州……厥土惟黄壤，厥田惟上上”，特别适合上古时代的耕种方式（中古时代农业进步以后则不再是上上之选了），所以粮食产量很高，足以自给自足。同时关中又是一个四塞险固的封闭之地，关中东有函谷关、潼关，西有陇关，北有萧关，南有散关，有所谓“山河之固”。这样的地方因为粮食能够自给，不依赖于外部，地形又使外部势力也难以干涉，特别方便国君关起门来整肃内部，关中因此成为法家思想最好的试验田。

战国时代的法家思想原本也产生于韩、赵、魏等晋国分出来的国家，法家的大家吴起、商鞅学成于魏国，李悝是魏国人，慎到是赵国人，申不害是被韩国影响笼罩的郑国人。战国法家的大家基本上都修成于原来的晋国，而晋国也正是凭借今日山西省的山河之固，在春秋时代率先发展出比较集权的政体。在战国法家更高级的理论的指导下，关中催生了秦国这样高度集权的秦制帝国。

关东地区则不同。关东地区水陆交通便利，商业发达，各国之间互通有无，互相依存的程度很高，社会力量因此难以被王权完全管束，颇有自由发展的空间，王权对社会的支配性较弱。另外关东地区是广阔的大平原，各国之间没什么屏障，如果国君想整肃贵族，容易造成动荡，被其他国家所乘，所以有强大的贵族制传统。

战国时代虽然关东六国也进行了不同程度的变法，进行中央集权，但无论是齐国的威王肃政、楚国的吴起变法、魏国的魏文侯变法、韩国的申不害变法，还是赵国的赵武灵王胡服骑射、燕国的乐毅强兵，其彻底程度都完全无法与秦国的商鞅变法相比。因为在山东六国，贵族政治始终占有一席之地。

秦灭六国以后，关中、关东的地域矛盾并没有缩小，反而随着秦朝对关东的高压统治而激化。秦始皇活着的时候，陈郡、东海郡就已经成为秘密反秦的大本营，等到秦始皇一死，关东六国就爆发了声势浩大的反秦大起义，在汹涌的怒潮之中吞噬了秦王朝。

继任的汉王朝也并没有完成两地的融合。西汉初年，刘邦原打算建都天下之中的洛阳，但汉初是中央集权与封建制并存的时代，在原来法家制度贯彻得比较彻底的秦、韩、魏三国故地推行秦制，由皇帝直接控制，在不太习惯法家的齐、楚、燕、赵等地实行分封制，所以汉朝境内其实有很多强大的诸侯，其天下还极不稳固。所以张良和娄敬建议刘邦定都长安，像秦国一样以四塞险固的关中为根据地，来防范和对付山东诸侯。

而汉初也确实发生了刘邦诛杀异姓王和汉景帝平定吴楚七国之乱等关中压制关东的战争，西汉也一直对关东深有防范，关东人进关中需要介绍信，还要检查行李，关中人去关东则禁止带马匹，防止马匹流入关东，被关东诸侯用为战马。

反观关东地区，其贵族传统虽经历秦始皇、汉武帝的一再摧残，却依然野火烧不尽，春风吹又生。从秦朝开始实行的迁豪政策，将财产在某个数目以上的关东豪族全部迁到长安，让他们集中居住在皇帝的陵邑进行监视，使很多豪族在搬家的路上破产败落，但依然无法阻止关东豪族一波又一波地壮大。汉武帝派酷吏去关东大杀豪族，砍头动不动几百人起，灭了不知道多少家，也依然没有信心把他们尽灭，而只是想让他们取消自己的独立性，来做汉朝的官。

到了西汉后期的汉元帝在位时，被汉武帝强行绑架进官僚系统的豪族，在朝堂上的力量大大增加，迫使汉朝停止了摧残社会的迁豪政策。关东豪族的实力急剧壮大，竟能帮助汉光武帝刘秀消灭新莽政权，统一天下，成为东汉政权的依靠力量。东汉之初刘秀试图用度田政策清查豪族的田地，也因阻力太大无法实施。此后豪族更是通过与国家意识形态儒学的结合，进化为士族，很大程度上垄断了东汉的三公九卿和地方郡守等职位，对国家政治的发言权越来越大。

关东士族的天之骄子

袁绍就是关东士族的代表人物。他的高祖父袁安，德行出众，儒学有成，成为汉和帝的司空，与专权的外戚窦宪针锋相对，不避强暴；曾祖父袁京是孟氏易的名家，是极有声望的隐士，袁京之弟袁敞也精通易学，是汉安帝的司空；祖父袁汤在汉桓帝时把三公都做了一遍；其父袁逢与其叔袁隗都是汉灵帝的三公。袁家连续四代都出了三公，被称为“四世三公”，如果从公的数量上来说则有五个，又被称为“四世五公”。

东汉又是一个宗族势力大发展的时期，汉朝以孝治天下，认为“求忠臣必于孝子之门”，将孝义之人举为孝廉，用作官员。在西汉“忠”“孝”两种品德的地位是一样的，但随着汉朝皇帝的做法越来越让人讨厌，以及地方豪族的壮大，“孝”的地位超过了“忠”，形成了“我主公的主公不是我的主公”这样的封建观念。然后东汉人又将父子关系进行比附，座师之于门生，举主之于故吏，也都像父亲之于儿子一样。门生故吏不但要给座师举主效力，还要给座师举主的子孙效力，给座师举主的家族效力。

这种情况下，像汝南袁氏这样四世三公之门，能量就很大了，大到足以变天。袁家四代人出了五个三公，察举征辟的人才无数，都是袁家的门生故吏，这还不算那些没做到三公但也做到九卿、郡守的袁家人。这些门生故吏按社会伦理都应该为汝南袁氏服务，他们有的是地方郡守，有的是朝廷公卿，与袁家结成了一种蜘蛛网一样错综复杂但又牢靠的关系网。袁氏家族只要打个喷嚏，天下也能动几动。

袁绍继承的就是这样巨大的遗产，当然在继承遗产上他有一个强劲的对手就是袁术。袁绍虽然是袁逢的长子，但却是庶出，母亲是个婢女，在家中地位低微，后来还被过继给伯父袁成。袁逢的次子袁术是嫡长子，继承了袁逢的主要遗产，他瞧不起袁绍，骂同父异母的兄长袁绍为“家奴”。

但是袁绍的才干和气象远在袁术之上，袁术还在那里飞鹰走狗的时候，袁绍已经在濮阳令的职位上干出了名声，而且在为母亲服丧三年后，因为名义上的父亲袁成死的时候自己还没有过继过去，所以这时又为袁成补服丧三年。儒家的道德规范不但被袁绍履行得无可挑剔，而且还玩出了创意，又有吏才，虽然是庶出，毕竟也还有袁家站台，其前途比袁术要远大得多。

如果说这时的袁绍只是关东士族中的一个后起之秀，那么接下来他的作为就把他推上了领袖的地位。当时宦官掀起党锢之祸，迫害关东士族，袁绍拒不接受宦官控制下的朝廷的征辟，而且密谋营救被打成党人的关东士族，与陈留张邈、南阳何颙、南阳许攸等名士形成了集团，并且凭借才干和声望成为集团首领，这就是他后来的基本盘，而这些人全都是关东人士。

黄巾起义爆发后，朝廷为避免士大夫与黄巾军联手，宣布赦免党人，这时袁绍才出任官职。何皇后的哥哥大将军何进借黄巾之乱掌握了军权，汉灵帝却不想立何皇后的儿子刘辩为太子，而是想立王美人的儿子刘协（即后来的汉献帝）。为此他建立了西园新军，选袁绍、曹操等八人为“西园八校尉”，而以宦官蹇硕居首，命令京城禁军全部归蹇硕统领，试图剥夺何进的军权。

孰料汉灵帝荒淫无度，是个短命鬼，局都没有布好就翘了辫子。蹇硕仓促之下想杀何进，袁绍等士人出身的西园军将官却心向何进，蹇硕的司马潘隐向何进告了密，蹇硕没能杀成何进，反被何进杀死。但何进对宦官的能量已经十分恐惧，为了安全决心灭掉所有宦官，这就跟党人或者说关东士族的理想完全重合，于是在外戚窦武与士族领袖陈蕃之后，又出现了外戚何进与士族袁绍的同盟。

何进把袁绍提拔为司隶校尉，监察京师，同时倚为谋主，十分看重，袁术也沾光当上了虎贲中郎将，得以统帅部分禁军。但袁绍又岂会真把屠户出身的何进放在眼里？他劝何进召外兵进京，胁迫何太后同意诛杀宦官，何进也认为宦官在禁军中很有影响，他名义上的弟弟车骑将军何苗（与何进父母都不同，原名朱苗）就跟宦官打得火热，对用禁军杀宦官不是特别放心，所以同意了袁绍的提议。

派去募兵的王匡、鲍信、桥瑁，以及调来京师的董卓、丁原等人，有的是袁绍的人，比如桥瑁、王匡，有的是何进的人，比如丁原，有的是跟袁绍、何进都拉得上关系的人，比如鲍信、董卓，但袁绍的人实力明显更强些，尤其是袁绍因为叔叔袁隗举荐过董卓，就把董卓当自家的门生故吏看待了。袁绍的想法是，利用这些外兵干掉宦官，然后要是有机会，连何进也一起干掉，由袁氏来执掌汉朝政权。后来董卓要废帝，袁绍针锋相对，喊出了“天下健者，岂唯董公”这样的心里话，以“健者”自居，王夫之认为从这里“其心可知矣”，其野心和目的当与董卓不相上下。

不久宦官铤而走险干掉了何进，这给了袁绍绝佳的机会，也给他省了不少麻烦，毕竟不用亲手把何进干掉再去擦屁股了。于是袁绍、袁术率军进宫，跟何进旧部一起对宦官进行绝种性屠杀，连胡须稀少的人也冤死了不少。如无意外，把皇权集团的毒瘤外戚、宦官一同干掉后，接下来袁绍就会挟持皇帝，接管政权，汉王朝将完全由关东士族掌控。

关西军阀控制朝廷

可惜理想很丰满，现实很骨感，屯驻在城外的董卓趁乱进京。董卓是关西凉州势力的代表，统帅的凉州兵团战斗力极其彪悍，非洛阳禁军和关东新募的兵可比，董卓又玩阴谋，让部分士兵每天夜里偷偷出城，白天又像新到的军队一样开进城来，让洛阳的百官以为西凉军源源不断到来，一下子就被震住了。接下来他就通过一套令人眼花缭乱的组合拳把洛阳城的实力派——何进旧部、丁原、二袁全部收拾了。

首先，董卓通过弟弟董旻跟何进心腹吴匡的友好关系，收编了何进的旧部。然后，他对付当过并州刺史的执金吾丁原，执金吾是九卿之一，职责是率兵保卫京城。丁原的部众来自与匈奴、鲜卑交战的并州，凶悍程度不在西凉军之下，不好对付。董卓就收买丁原的主簿吕布干掉了丁原，把丁原的并州部众也吞并了，这样一来二袁就被孤立了。关东募兵回来的鲍信虽然劝袁绍当机立断突袭董卓，袁绍终究不敢冒这个险，而是准备回到关东集聚力量反抗董卓。有识之士如曹操、鲍信等，都隐约预料到，天下分裂的浪潮即将到来。

董卓掌控京师后，决定废立皇帝立威。因为陈留王刘协是董太后养大，号称“董侯”，跟自己一样姓董，有渊源，又觉得刘协比何皇后生的汉少帝刘辩聪明，董卓决定废掉汉少帝，立陈留王为帝。用淫威慑服了公卿以后，董卓如愿地立了刘协为帝，是为汉献帝，自己当上了三公之首的太尉，专制朝政。

董卓既然掌控了汉室，一开始也想让关东安定，毕竟关东名士的力量极大，决裂了很不好对付。当时关东名士虽然被宦官残害，但在社会上声望极高，具有很强的号召力，董卓也附庸风雅用一些有名士风格的人当部下。他的一个谋主周毖是他老战友凉州人周慎的儿子，这时已经名士化了，敬慕关东士族，另一个谋主伍琼直接就是汝南名士，在他们的劝说下，董卓决定与关东士族和解。

于是董卓给党锢之祸中被害死的陈蕃等关东士人领袖平反，恢复其爵位，擢用其子孙，又征辟了颍川荀爽、陈留蔡邕等大量关东名士入朝为官，还提拔大量关东名士如韩馥、刘岱等担任地方郡守，连跟自己翻脸的袁绍也不计较，给了个渤海太守以示拉拢。

应该说到这里为止，董卓的手腕还是非常老到的，甩出袁绍好几条街，如果他能够有远见一点儿，自控一点儿，那么控制汉朝天下当不是难事。但董卓毕竟是在凉州从小跟羌人厮混长大的，其行事风格已经羌化了，虽然智商在线，做起事来却野蛮无比、无法无天，比如纵兵将举行社祭的百姓砍头，当成贼寇来领功；有大臣见他时忘记解剑，被他当场砍死；他又把被废掉的汉少帝和何太后灭了门，还进宫强奸公主和宫女。这些事情没有一件不是在挑战儒学士大夫的底线，关东士族岂能跟他善罢甘休？

在朝中，汝南伍孚直接行刺董卓，失败被杀，颍川荀攸、南阳何颙、荥阳郑泰、太原王允等继续密谋刺杀董卓。在关东，袁绍振臂一呼，讨伐贼臣董卓，地方郡守中袁家的门生故吏群起响应，冀州牧颍川韩馥、豫州刺史陈留孔伷、兖州刺史东莱刘岱、陈留太守陈留张邈、广陵太守陈留张超、东郡太守梁国桥瑁、山阳太守汝南袁遗、河内太守泰山王匡等一同举兵，几乎是一水的关东名士，袁绍的异母弟袁术自然不在话下。另一些人如曹操、鲍信虽不是袁家故吏，也因为政治理念和个人私交，起兵响应袁绍，大家公推关东士族的领袖袁绍为盟主，讨伐董卓。

董卓见和解关东和解出这样一个结果，暴怒之下跟关东士族彻底决裂，把举荐关东士族的谋士伍孚、周毖砍了，袁绍的叔叔袁隗以及袁家在洛阳的人也被杀了个鸡犬不留。袁绍也跟关西势力把持的朝廷决裂，把董卓派来解散联军的朝廷公卿大鸿胪韩融、执金吾胡毋班、少府阴循、将作大匠吴循、越骑校尉王瑰等杀了个七七八八，只放走一个德高望重的韩融，这里面还不乏“八厨”之一胡毋班这样的名士和阴循这样的外戚名族（汉光武帝皇后阴丽华之族），可以说袁绍跟汉献帝朝廷的仇从这时就结下了。

然而这时从穷乡僻壤走出来的董卓已经被洛阳的繁华消磨了志气，霸气仍在，雄气却没有了。西凉军固然彪悍，打关东联军还是颇有优势，但关东联军里加入了一个异数二愣子长沙太守孙坚，孙坚的老家富春（今杭州富阳区）山高林密，颇受山越影响，长沙郡又靠近武陵蛮，孙坚带着一支蛮越风格的部队北上，论野蛮不输于西凉军，论战斗意志比销金窟里磨钝了的西凉军强得多，连败胡轸、吕布、董卓，逼近洛阳。

按说西凉军要是动真格的也不至于就怕了孙坚，但董卓比以前水多了，又觉得都城洛阳地处关东，这里的关东人太多了，于是决定把朝廷迁到长安，使关西势力更容易掌控局势。迁都时又杀了不少关东豪族，还一把火烧了洛阳城。

这样一来，一直以关东为根基的东汉王朝等于被掘了根。朝廷离开后，关东地区就陷入了政治真空状态。没了朝廷维持秩序，关东联军内部为了抢钱抢粮抢地盘，就开始自相残杀，平时有矛盾的趁机有冤报冤、有仇报仇，兖州刺史刘岱就砍了东郡太守桥瑁，东郡是属于兖州的，估计这两人平时上下级关系就处得不好，这时就成了天下大乱的导火索。一些不是关东名士的地方实力派也趁秩序崩坏崛起，比如幽州的公孙瓒、辽东的公孙度之类，天下很快就陷入混战。

在关东这个政治真空的状态里得益最大的是谁呢？自然是关东联军的盟主袁绍，其次是他弟弟袁术，袁术虽不是盟主，但也是四世三公袁家的人，门生故吏遍天下，在袁家内部比袁绍地位还高，因此也聚起了很大的势力。这种情况下，去迎立关西人立的天子汉献帝，是袁绍绝不愿意的。但是如果要统一关东又需要大义名分，于是袁绍决定找一个亲关东士族的宗室立为皇帝，做自己的傀儡，他想找的人就是刘虞。

刘虞，字伯安，东海郯县（今山东郯城）人，是刘秀长子东海恭王刘强的后代。刘强是刘秀与第一任皇后郭圣通的儿子，被立为太子。但刘秀心在阴丽华，加上郭圣通比较作，最终刘秀废了郭圣通，推阴丽华上位。身为太子的刘强心不自安，推让多次以后终于把太子之位让给阴丽华的儿子刘庄，即后来的汉明帝。汉明帝即位后，对刘强也一直很尊重。刘虞自己的做派也与关东名士相近，他通晓儒家的“五经”，孝廉出身，后来凭借骄人的政绩一路当到幽州刺史，儒学吏才俱佳，正是东汉士族的典型特征。可以说刘虞是离汉室正统比较近的支派，祖上又有这么憋屈的让国之举，自己又如此出众，立他为帝是能得到一些人心的。

问题在于董卓废立皇帝固然是不对，但这不能反证袁绍废立就是对的。从西汉霍光废昌邑王以来，一沾“废立”两个字，就如同掉进了淤泥潭，跳进黄河也洗不清了。袁绍想这么干时曹操就很反对，表示不参与，当事人刘虞也坚决不同意。袁绍等人又想让刘虞自己给自己挂上“领尚书事”的头衔，实际上也是另立中央，方便给关东诸侯封官，这次刘虞索性把袁绍的使者砍了表明心迹。

关东盟主藐视关西皇帝

看来汉献帝虽然是董卓强行立的，合法性不足，但毕竟是汉灵帝的亲生儿子，血统上的优势在那里，还是不好另立一个的。既然不好另立一个，袁绍就以盟主的名义专制关东，对于关西势力拥立的汉献帝及其朝廷不怎么理睬，关东联军的诸侯也基本上跟袁绍同一个态度。

曹操是袁绍少年时代的密友，当时青州黄巾闹得很凶，大举进攻兖州，兖州刺史刘岱战死。因为曹操的军事才干出众，又被士族领袖袁绍推为东郡太守，与士族关系颇近，兖州士族陈宫、张邈等迎接曹操做兖州刺史。曹操击降青州黄巾三十万人，整编为青州兵，安定了兖州。这时关西朝廷却派名士金尚（可能是西汉名臣金日磾后人）来担任兖州刺史，曹操完全不理，直接把金尚打跑。

后来李傕、郭汜控制了关西朝廷，朝廷又派马日磾、赵岐出使关东，增加朝廷在关东的影响力。马日磾是大儒马融的曾孙，赵岐是马融的侄女婿，两人自己也是经学有成的名士，卖相甚佳。但马日磾在袁术那里被抢了符节，袁术拿着他的汉廷符节自己征辟了大批官员，就没打算还，而且还想逼他做自己的官，打关西朝廷的脸，把马日磾活活气死了。袁绍那里虽然听赵岐的话跟公孙瓒暂时罢兵，但那是因为赵岐一直以来反对宦官的崇高名望，袁绍更多的是给赵岐面子而不是服从关西朝廷。

因为袁绍这个盟主身份的合法性其实是比关西朝廷要低的，主要是出于关东士族反对朝廷的心理，所以他对关东诸侯的影响力是很松散的，并不能像朝廷对地方郡守那样颐指气使。袁绍一开始依靠的冀州牧韩馥，虽然是袁家的门生故吏，但在袁绍和董卓中选边站时也曾经犹豫过，后来又经常克扣袁绍军的军粮。袁绍用逢纪的计谋，暗中约新兴的幽州军阀公孙瓒攻打韩馥。公孙瓒打乌桓出身，军事才能出众，部下白马义从也能征善战，韩馥一下子陷入巨大的恐慌，幕府中的颍川名士荀谌等人心向袁绍，趁机劝韩馥把冀州让给袁绍以保平安。袁绍就这样夺取了冀州，这才有了一块根据地。

但对上异母弟袁术，袁绍的运气就没这么好了。说起来袁术跟袁绍完全可以平分秋色，袁绍是关东盟主，袁术是袁家嫡流，袁绍拉拢了儿时挚友曹操，袁术拉拢了王牌打手孙坚，袁绍跟士族首领八俊之一的荆州刺史刘表结盟，袁术在士族中的声望没有袁绍高，就跟相对粗暴的徐州刺史陶谦、幽州军阀公孙瓒结盟。二袁以关东为棋盘，进行了史诗般的中原大战。

首先袁绍自己硬扛巅峰期的公孙瓒，派名族会稽周氏的周昂去接收豫州，但周昂被袁术的打手孙坚打走。接下来袁绍跟公孙瓒进行了一段时间的拉锯战，袁绍在界桥之战靠凉州名将麴义的战法打残了公孙瓒的白马义从，但是在巨马水之战中其部将崔巨业大败于公孙瓒。这期间有两件事对袁绍是巨大利好，一是袁术的王牌打手孙坚为袁术进攻刘表，战胜后轻骑追击，被刘表军的伏兵干掉，袁术丧失了一把锋利的尖刀；二是袁绍支持的曹操崛起，极大地改善了袁绍联盟的战略局势。

曹操依靠跟袁绍的亲密关系以及本身的才干得以入主兖州，击降青州黄巾三十万，从中间整编出“青州兵”，实力大增。此时公孙瓒决定打通与袁术的联系，夹击袁绍，公孙瓒的幽冀两州与袁术的南阳之间，以徐州的陶谦为联系通道，于是公孙瓒派部下单经、刘备攻打青州，想要跟徐州陶谦连成一线，陶谦也来接应。曹操为袁绍出兵，把单经、刘备、陶谦打得找不着北，纷纷退走，袁绍因此避免了被战略包围的窘境，袁术联盟从此走衰。

次年，刘表切断袁术的粮道，袁术被迫孤注一掷进攻中原。他联系匈奴贵族于夫罗与黑山贼等，组成庞大的乌合之众，进攻兖州陈留郡。曹操与袁绍合兵出击，在匡亭之战中大破袁术，曹操随即穷追猛打，把袁术一路赶到淮南去才罢休。袁术虽然马上就占据了淮南，依然拥有强大的军政实力，但已经不再具有逐鹿天下的势头。

可以说，要不是袁家还有一个袁术分流了袁绍的实力，袁绍应该是可以凭借关东盟主的身份快速席卷关东，像后来的曹操那样，形成与关西和南方鼎足而立的特大势力。但是因为袁术的搅局，公孙瓒、陶谦等强敌环伺，导致袁绍只能扶持金牌打手曹操，而以曹操的野心和才具，壮大以后自然就不是袁绍所能控制的，于是就只有通过一场战略决战来决出关东的老大。可惜在两雄决战的官渡之战中曹胜袁败，汝南袁氏就此走向衰亡。

袁术走衰以后，接下来袁绍就该收拾强敌公孙瓒了。这时公孙瓒要对付一直不爽他的幽州牧刘虞，袁绍要安抚新征服的地区，于是两人顺水推舟接受关西朝廷派来的赵岐的调解，暂时停战。公孙瓒回幽州干掉了深得幽州汉胡人民爱戴的刘虞，逐渐陷入众叛亲离的局面。

袁绍则颁布仁政，在冀州的统治得以稳固，同时横扫并州的黑山军，把并州的一部分也收入囊中。

平定黑山军的过程中，袁绍一度跟吕布合作，吕布虽是并州人，但出身行伍，跟董卓他们混久了又沾染了关西军阀的气质，深为袁绍所恶。袁绍甚至派人去刺杀吕布，吕布只好逃亡。而这时曹操因为杀害了兖州名士边让，以及借口其父被陶谦害死在攻打徐州时大肆屠城，导致兖州士大夫集体反水，丢了老巢，袁、曹两家又多了一个强敌吕布。

这时袁绍可能是看到了曹操才略的可怕，让曹操把家人搬到邺城当人质。曹操虽在窘境，经过反复考虑还是拒绝了，这说明曹操已经有意自立门户，但强敌环伺的时候还得和衷共济。袁绍给曹操派了大量援军，帮曹操击败吕布，夺回兖州。同时袁绍自己也击败公孙瓒，又联络乌桓各部和刘虞旧部骚扰公孙瓒的老巢。公孙瓒被打得雄心全无，进入等死阶段，袁绍的势力触角已经伸入幽州，同时他又派长子袁谭攻打青州。这时幽州公孙瓒缩回去了，徐州刘备无法摆平泰山贼臧霸的独立，救援孔融的道路被隔绝，青州的孔融陷入孤立无援的境地，青州被袁谭轻松夺取。

此时公孙瓒收缩兵力，在相当于今天雄安新区的易水之北挖土堆积山丘，在山丘上建筑营盘和高大的防御楼，称之为“易京”，公孙瓒所居的防御楼尤其高大。袁绍虽然已经取得对公孙瓒的全面优势，但要将公孙瓒彻底消灭还有待时日。

曹操让袁绍好牌变烂牌

就在这个时候，曹操做了一件事，跟袁绍决裂了，那就是迎立汉献帝。袁绍一直不迎接汉献帝不是因为愚蠢，而是因为他一直把关西势力立的汉献帝当一根草，而且他觉得如果迎立汉献帝，上头有个人压着，不如用他关东盟主的身份发号施令方便。所以当关东色彩不那么浓厚的河北人士沮授、田丰建议他迎立汉献帝的时候他一点儿都不积极，而出身于关东核心地带颍川的郭图、淳于琼等人则用类似的说辞加以阻挠。

而袁绍也认为以他关东盟主的威望和关东、关西之间长达几百年的矛盾，关东名士除了刘表这种厚道人对汉献帝还比较客气送点钱粮，不会有人真去迎立汉献帝。汉献帝脱离李傕、郭汜后为什么有一段时间特别凄惨？就是因为关西势力分崩离析，关东势力畏惧盟主袁绍，都不去迎接汉献帝。不过事实最终狠狠地打了他的脸，他的密友曹操跳了出来，接纳了关西人立的汉献帝，公然向他叫板。

曹操这么干，有他不得已的理由。从兖州失而复得开始，他就已经下定跟袁绍分庭抗礼的决心。但是袁绍凭借家族实力和个人才干一路走高，在河北四州打得风生水起，曹操却一直没打开局面，兖州根据地费了好大力气才从吕布手里夺回来，此外就只把触角伸入了豫州和徐州，眼看袁绍就要实现他“南距河，北阻燕代，兼沙漠之众，南向以争天下”的战略构想，自己再不飞跃一下就只能一直做袁绍的小弟了。

要飞跃，最好的办法莫过于迎接汉献帝，借力于关西。果然，曹操迎立汉献帝后，关中诸将董卓一派的残余势力段煨和韩遂、马腾一派的前叛军都为曹操所用，曹操轻易地就命令关中诸将诛灭了因为攻击汉献帝而众叛亲离的前关西派老大李傕、郭汜。曹操又以洛阳残破为由，把汉献帝迁到许昌，使汉献帝身边关西派的董承、出身白波贼的杨奉和韩暹都失势，轻松压制了关西派中不服的力量，可谓得关西之助力而无关西之害。

曹操拥立汉献帝还提升了自己的名声。曹操的老爹曹嵩是大宦官曹腾的养子，可以说出于阉宦浊流，虽然曹腾跟士族关系不错，曹操年轻时又敢打大宦官蹇硕的叔叔，总体上风评尚可。但毕竟不能跟袁绍相比，而且他在兖州脾气发作杀了兖州士族的领袖边让，捅了大篓子，名声直线下降。这下有了汉献帝的名望加成，号召力一下子回升，荀攸、钟繇等大名士纷纷为曹操所用，很多地方实力派如江夏李通、宛城张绣等也投靠曹操。

所以曹操马上就开始飞跃，首先用汉室的名义，联合孙策、吕布打残了贸然称帝的袁术，夺取了淮南大部分地区。然后曹操又摆平了吕布，夺取徐州，招安了青徐交界的臧霸等泰山寇首领。等到袁绍彻底搞定公孙瓒，曹操又派钟繇招抚了关中所有杂牌势力为自己所用，虽没有直接统治，但相当于盟军。也就是说，当袁绍占有青、冀、幽、并四州，带甲十万的时候，曹操也占据了兖、豫、徐三州和扬州的一部分，同时是关中势力的宗主，具备了与袁绍一战的实力。

袁绍一直高估了自己这个关东盟主的影响力，他这个盟主的头衔其实没什么法统上的效力，对部下和在野士人的号召力也都是有限的。这就造成了袁绍势力的两个问题：一是袁绍的部下对袁绍无法像对绵延数百年的汉室那样从心底里效忠，所以他们跟着袁绍最主要的目的是要争取最大利益，这就造成了内部河南派与河北派激烈的内斗；二是既然没有汉朝那么强的合法性，那么在招揽人才上就主要靠袁绍的个人魅力，关东盟主带来的加持远不及汉室，有人来了稍有不爽就又走了，比如后来曹操的谋主荀彧、郭嘉。

等到袁绍发现曹操迎接了汉献帝以后马上野蛮生长，才体会到自己这个关东盟主跟汉家相比还是差远了，这下悔之无及，就想忽悠曹操把汉献帝迁到离自己更近的兖州鄄城，好伺机夺取。曹操当然不会被忽悠，还以汉献帝的名义骂袁绍不忠。袁绍大怒，曹操迎接汉献帝本来就是对自己这个关东盟主的一种背叛，还敢这么嚣张。虽然后来曹操把大将军让给袁绍做，自己做地位低一档的司空，但袁曹的战争已经不可避免。

袁绍在官渡之战中的失败，很多人认为败于袁绍个人的优柔寡断、不会用人，这就把问题看得过于简单了。袁绍因为合法性不及曹操，必须兼顾内部所有派系的利益，不能像曹操那样如臂使指地使用。袁绍手下最大的两个派系是慕名来投的河南派和就地提拔的河北派，在官渡之战中两派的内斗对袁绍军的失败起到了主要作用。

河南派以颍川名士为主，兼有邻郡的南阳名士，主要人员有颍川荀谌、颍川郭图、颍川辛评、颍川辛毗、南阳许攸、南阳逢纪等，军方有颍川淳于琼，其中边缘人物逢纪后来投靠了河北派；河北派则是河北各地的士人，主要有巨鹿田丰、广平沮授、魏郡审配等，军方则有河间张郃。官渡之战前后这两派的恶斗对袁绍集团产生了极大的伤害。

官渡之战前，河北派的田丰、沮授重视本地民生，认为袁军经过几年鏖战，消灭公孙瓒后已经师老兵疲，建议凭借河北从汉末以来遭破坏不及河南的优势，屯田养兵，修整之后再凭绝对的硬实力碾压曹操。河南派的郭图则认为现在袁绍明显强于曹操，将来就不一定了，建议立即进攻。袁绍选择了河南派的方针，田丰、沮授强谏，结果田丰被下狱，沮授的部众被夺走三分之二，分给淳于琼和郭图。在官渡之战前线，河北派的审配还以颜色，以犯法为名将河南派许攸的家属下狱，许攸仓皇投奔曹操，献上了奇袭乌巢的翻盘大计。救援乌巢时，河北派的张郃建议重兵救乌巢，河南派的郭图建议重兵乘虚攻曹营，袁绍又一次采纳了河南派的方针。等到张郃攻曹营不下，郭图又诬陷张郃因为谋略被否有意不出力，张郃一怒之下投奔曹操，造成袁绍军的最后崩盘。许攸和张郃的叛降是官渡战局扭转的关键节点，可以说河北派与河南派的内斗是官渡之战失败的主因。而袁绍回师以后，河南派的逄纪又进谗把河北派的田丰害死。

关东盟主不敌天下霸主

另外，袁绍因为主打的是一张有局限性的牌，所以做不到像曹操那样不拘一格用人才。袁绍以关东地域为号召，所以只能重用关东人，一些关西将领就算有本事也只能放弃，比如出自凉州金城麹氏的麹义，用凉州战术多次为袁绍击败公孙瓒，是袁绍战胜公孙瓒最大的功臣，但最终被袁绍杀害；沾染了关西风格的关东人也不行，比如出身并州的吕布，一度投靠袁绍和袁术，结果在二袁那里都讨不了好，只能灰溜溜跑掉。

袁绍又是士族领袖，所以用人必须参考出身和资历，否则其基本盘的士族会不满，这导致在战斗的一些关键节点他的人不及曹操的给力。比如官渡之战中，袁绍并不是像《三国演义》中描写的那样，没有想到去抄曹操的老巢许都，实际上他派了部将韩荀（可能出自名门颍川韩氏）去偷袭许都，只不过被曹仁干掉了；袁绍对乌巢防守也不是不上心，而是派出了资历极老的淳于琼，淳于琼也不像《三国演义》里那么无能，守乌巢也算有章有法，无奈被曹营的乐进砍死了；官渡大战的同时，袁绍青州方面的将领有动作，但被依附曹操的泰山寇臧霸阻止；官渡之战后，袁绍外甥、高门陈留高氏的高干率并州部队联合南匈奴南攻河东，又被钟繇招安的关西军阀马超、庞德打得大败而归。

官渡之战袁绍损失虽大，但袁氏割据四州，实力依然强大。但在袁绍羞愤而死后，河南派、河北派继续内斗，在几年内葬送了袁氏政权。河北派的元老审配和转换阵营的逢纪拥立了袁绍宠爱的次子袁尚，河南派的辛评、郭图则拥立不受宠的长子袁谭，内斗再度升级。河南派甚至因为跟曹操那边的颍川士人更有共同语言而劝袁谭降曹，让曹操得以攻陷袁尚的大本营邺城，使冀州落入曹操之手，回过头来曹操反手就夺了袁谭的青州，并且将袁谭围杀在南皮。剩下袁熙的幽州、高干的并州都因为地近边疆，胡汉混杂，比较残破，袁氏大势已去，很快被曹操彻底灭亡。

可以说，袁绍这个关东盟主一开始完全是一张好牌，但是因为袁绍是关东士族的首领，关东本位思想极其浓厚，对关西势力拥立的汉献帝深恶痛绝，导致迟迟没有入手这张更好的牌，被曹操抢了先。而曹操拿到这张最好的牌后，不论是关东还是关西，不论是士族还是豪族，都可以自由使用，其统治基础一下子扩展为袁绍的四倍。而袁绍势力对关东士族这张牌已经产生了路径依赖，只能继续打这张已经变差的牌，直到在牌局上输光为止。

消灭袁氏后，曹操南征受阻于赤壁，后来转而向西扩张，到曹丕时代，攻克了包含关中和雍凉在内的关西地区，其政权融合了关东与关西。但上千年的差异并不是这么容易消除的，关中地区的秦制传统和关东地区的贵族传统，依然在两块土地上发挥作用，当大一统政权西晋崩溃后，两种传统深刻地影响了在当地建国的十六国政权。

十六国在关中建国的有匈奴的前赵、氐族的前秦、羌族的后秦，前赵建立较早没经验，后秦地缘形势恶劣，从建立到灭亡，一直处于跟周边势力的恶战中，所以一直施行军事贵族制，无暇进行秦制改革。但前秦经苻生的残杀贵族和苻坚的重用王猛，成功地重建了秦制帝国，并且初期也依靠秦制帝国焕发出的巨大威力，统一了整个北方，但同样基于秦制帝国缺少中间环节的缺点，一旦中央遭遇强烈震荡就会分崩离析，淝水之战失败后，前秦几乎是瞬间解体。

在关东建国的则有羯族的后赵、慕容氏的前后燕，都实行军事贵族制。前燕的慕容暐、后燕的慕容宝一度想加强中央集权，与关东的贵族传统发生严重冲突，马上就被察觉到异常的前秦、北魏打得分崩离析。前秦消灭前燕后，在关东推行秦制，则十分不得人心，导致关东人心思燕，所以淝水之战后慕容垂带着一点点兵回到关东，一呼百应，轻易复国。

直到南北朝，关中的西魏、北周和关东的东魏、北齐依然呈现出很大的不同，北周虽然有关陇集团存在，但在权臣宇文护和周武帝宇文邕手上仍然完成了很大程度上的秦制建设，消灭了关东贵族制色彩更浓厚的北齐。隋唐时代，关东与关中的矛盾依然存在，李世民、武则天都有引关东以制关中的作为。

到唐代，山东贵族已经不具备威胁国家的实力，但其社会地位依然极高，宗室、高官以能与山东士族联姻为荣。直到黄巢之乱和五代十国，关东、关中一起衰败，关东的贵族传统才在无休止的战乱中逐渐断绝，而昔日的关东、关中之别接下来将会重演于南方、北方之间。

{伍}

凉州的反复

坊间号称“毒士”的贾诩因为煽动西凉兵为董卓报仇，攻陷长安，导致汉朝中央的合法性彻底丧失，统治秩序崩溃，各地诸侯再无顾忌地割据混战，可谓只言片语就造成天下大乱，大家对他往往欣赏与畏惧兼具，貌似还是欣赏居多。

但是，大家有没有想过，他为什么要这么干？是因为这个人生性凶险、好乱乐祸吗？这样的解释似乎太简单化了。是因为想保命吗？保命也不用保出这么大动静吧？或者索性就是闹着玩？那当然也不可能。

事实上，贾诩之所以不把东汉朝廷当回事，甚至有可能蓄意搞得天下大乱，背后有极深的背景，那就是凉州豪族与东汉政府的恩怨情仇，甚至是历史更久远的关中、关东矛盾。

半汉半胡的凉州

贾诩，字文和，武威姑臧（今甘肃武威）人，据后世宗谱记载，本出于洛阳贾氏，至其父贾龚时以武官迁居凉州，成为凉州豪族。因为他们家是凉州豪族圈子的一员，所以贾诩少年时代还没出名的时候，就被凉州的大名流阎忠看重，而且年纪轻轻就被察举为孝廉。贾诩对凉州官场的掌故也门儿清，有一次赶路时被叛变的氐族人劫持了，贾诩自称是残酷镇压氐羌的名将段颎的外孙，吓得氐人把他放了，同行的几十人却全部被杀，从这里也可以看出出身大家族的见多识广促成了贾诩诡谲的性格。

汉朝以儒学为官方意识形态，以孝治天下，做了孝廉就等于国家认证了你的人品，你就进入了升官的快捷通道，可见贾诩的起点还是不错的。但是凉州在东汉不被重视，凉州人士也被东汉朝廷打压，所以他这个凉州的孝廉含金量比其他州的要低得多。

汉代的凉州大体上跟今天的甘肃省重合，又分为陇右、河西两个区块，陇右是今天甘肃省地图下半部的块状部分，河西则是上半部的长条部分。

陇右开发的年代较早，春秋时代以前就有秦人部落的重要据点，是华夏族与西戎交战的前线，当时秦人兼营农业和放牧。随着秦人华夏化得不断加深，农业在经济中的比重越来越重，加上华夏族对西戎各族的不断胜利，陇右地区的农耕区是在不断扩大的。当地的氐族、羌族虽然还保有大量牧场，但同时也都从事农耕，可以说陇右的农耕比放牧稍占优势。

河西则自古就是内亚民族进出中原的通道，也是中原王朝与西域乃至波斯、印度交流的通道。这条通道的南边是逶迤连绵的祁连山，北边是大沙漠和大戈壁，只有这条通道利于通行，因此被称为河西走廊。

在汉代以前，河西是印欧人部族月氏、乌孙的角力场，月氏人曾经攻杀乌孙王难兜靡，独霸河西，也算是一大强国，十分威风。但是好景不长，在月氏做过人质的匈奴冒顿单于很快就带领匈奴崛起，向东消灭了强大的东胡，成为空前强大的草原帝国。冒顿随即派右贤王大破月氏，逼得月氏人西迁，匈奴开始染指河西。冒顿单于之子老上单于彻底击败月氏，把月氏王的脑袋砍下来，头盖骨做成酒杯，月氏人被迫西迁到今新疆西北部的伊犁河流域，匈奴占据了整个河西。

汉武帝元狩二年（公元前121年），汉朝已经夺取河套平原，切断了匈奴右贤王与河西的联系。大汉名将霍去病趁势收复河西，击降匈奴多个属国，当年又穿插奇袭，大破匈奴统治河西的浑邪王、休屠王。浑邪王、休屠王惧怕被伊稚斜单于惩处，于次年降汉，休屠王临阵反悔，被浑邪王攻杀，霍去病率军收降两王部众四万人，河西从此归汉朝统治。

但此时的河西主要是各种游牧民族的牧场，可以说是地广人稀。汉武帝将陇右与河西合并为凉州，设立敦煌、酒泉、张掖、武威等河西四郡，迁徙大量关东人民充实四郡，又为投降的浑邪王部众设置了五个匈奴属国。此后终汉武帝一朝，西汉政府人为制造了河西的移民潮，政府将赦免的罪犯、各地的流氓地痞、其他地区反叛的少数民族、政治斗争中的失势者（如“戾太子”被废后的东宫兵士）以及大量戍卒一股脑塞到河西，河西人口短时间内急剧膨胀，食物紧缺。这些移民利用祁连山雪水融化而成的石羊河、黑河、疏勒河等河流两岸的绿洲进行耕作，在其他广大的半干旱草原地区则放牧牲畜，实现了粮食自给。河西地区耕地较陇右要少，游牧经济较占优势。

但不论哪项更占优势，由陇右、河西组成的凉州都是农牧并重的地区，汉人和少数民族一同在狭小的绿洲和山间盆地里农耕，也在广大的草场上放牧，所以连凉州的汉人也充满了原初民族的刚健之气，遑论少数民族。另外，祁连山以南、陇山以西的羌人对陇右、河西的渗透，匈奴人长期统治河西的影响，以及居住在凉州的氐族、小月氏等多种胡人，使得汉代的凉州豪族以勇武善战闻名。

而凉州豪族也发挥所长，主要以军功作为进身之阶。如飞将军李广，其活跃时间虽然在设置凉州之前，但他的家乡陇西成纪也在日后凉州区域之内；西汉后期平定羌乱的名将赵充国是陇西上邽（今甘肃天水）人，辛庆忌是狄道（今甘肃临洮）人，也都是凉州人士。

两汉之际，河西五郡（河西四郡再加上金城郡）豪族推举窦融为首领，窦融虽是关中豪族，但在凉州根基深厚，因此得以割据一方。后来窦融看清大势，归顺汉光武帝刘秀，率凉州兵及羌、小月氏等数万人，配合汉军平定陇右军阀隗嚣，立下大功。凉州豪族的地位进一步上升，在东汉政权中形成了西北功臣集团，其中窦融的后代出了汉章帝、汉桓帝的两个皇后，梁统的后代也出了汉顺帝、汉灵帝的两个皇后。

凉州人的离心力

然而凉州豪族在地位上升的同时，也伴随着危机的加剧。因为青海一带的羌人趁新莽末年的混乱，已经侵入河西、陇右，与汉族的矛盾加剧，最终，凉州地区爆发了影响东汉国运的汉羌战争。汉羌战争断断续续打了上百年，后来战区已经不限于凉州，羌人杀进关中，甚至杀入河东，威胁首都洛阳。东汉王朝为了平定羌乱，折腾得民穷财尽，引发了一系列统治危机。

但是东汉王朝定都洛阳，实行关东本位政策，西都长安地位下降，长安的屏障凉州显得更加无足轻重，所以在羌乱中，东汉政府多次三心两意，想要从凉州的烂摊子里抽身。这里要说明一下，汉朝的关中、关东是以函谷关为界，函谷关以西为广义的关中（狭义的关中指陕西南部的关中平原），以东为关东，又称山东（因为在崤山以东），与明清以山海关为界的关内、关东不同。

另外，关东豪族（主要是东汉功臣集团中的南阳功臣、河北功臣）与西北豪族长期争夺朝廷权力。为了挖掘西北豪族的根基，以及避免因为平羌损耗关东的人力物力，关东豪族在朝堂上屡次提出放弃凉州，将凉州人迁入内地州县的建议。

搬家是打击豪族势力的妙法，一大家子人搬迁，到了新地盘又要被当地豪族排挤，往往被搞得家道中落，一蹶不振。秦与西汉前中期就一直实行迁豪政策，把关东豪族迁往关中，避免其过分壮大，最好是在路上能把他们搞得破产。直到汉元帝时才因为豪族在朝堂不可遏制的壮大而停止。

现在关东豪族的政策正是西汉迁豪的翻版，只不过主客反过来了而已，以前是关中政权把关东豪族搞破产，现在是关东政权把西北豪族搞破产。西北豪族为了保卫乡土和基业，在沙场上浴血奋战的同时，还几次三番在朝堂上与关东豪族钩心斗角，针锋相对，讨论的焦点就是要不要放弃凉州。

早在东汉初年，面对西羌翻过长城，侵入凉州的情况，朝堂上的南阳勋贵集团就建议放弃凉州，名将马援上书坚决反对。马援虽是关中人，却在凉州经营了很大的牧场，可以说核心利益在凉州，当然不能同意放弃凉州。好在此时东汉王朝尚处于上升期，汉光武帝令马援率兵平定羌乱，马援成功地消灭了叛羌，把很多羌人迁到关中。

汉安帝永初年间（公元107~113年），东汉水旱灾害连年，国势转衰，赖太后邓绥、外戚邓骘殷勤辅政，勉力维持。随着羌乱愈演愈烈，出身关东豪族的朝臣庞参屡次建议放弃西域，被西州士大夫耻笑。庞参以国用不足为由，说动出身关东的大将军邓骘（邓禹之孙，南阳人）放弃凉州，仍被出身西北豪族的朝臣驳回。

永初五年（公元111年），先零羌自并州攻入河内，距首都洛阳仅一河之隔。东汉朝廷大震，决议放弃陇西、陕北诸郡，迁民入内地。凉州百姓安土重迁，不欲离乡，当地官吏就毁坏他们的农田、房屋，逼他们背井离乡，导致大批百姓死于道路，几乎激起大规模民变，加上西北豪族强烈反对，这次弃凉行动不得不中止。

与大儒马融、大科学家张衡交好的凉州名士王符对于关东豪族官僚鼠目寸光、以邻为壑的行径深恶痛绝，在其名著《潜夫论》中写道：

> **往者羌虏背叛，……周回千里，野无孑遗。寇钞祸害，昼夜不止。百姓灭没，日月焦尽，而内郡之士不被殃者，咸云当且放纵，以待天时。用意若此，岂人心也哉！**

既然东汉政府如此不可靠，凉州豪族只能靠自己来驰骋疆场，保卫家园。东汉后期汉顺帝、汉桓帝时期，凉州豪族中同时出了三大名将，即皇甫规、张奂、段颎，因为皇甫规字威明，张奂字然明，段颎字纪明，这三人号称凉州三明。凉州三明在对羌战争中取得重大胜利，段颎甚至对羌人实行中国历史上少有的种族灭绝政策，一时镇压了羌乱。

凉州三明不但在对羌战争中表现优异，段颎在对匈奴、张奂在对匈奴和鲜卑的战争中也都取得了重大战绩，可以说是东汉后期的第一流名将。而且这三人武事之暇还钻研经学，取得一定成果，可谓文武双全。三人中段颎爱好古文经学，张奂对今文经学的《欧阳尚书》颇有研究，著《尚书记难》三十万字，皇甫规虽然没有著书，但对《诗》《易》颇有研究，晚年开馆授徒，其水平也不会差。

但是，即便他们在事功上有杰出的成就，在经学上也有一定的水平，但因为是凉州人士，仍然被关东士大夫轻视。凉州三明除了段颎巴结宦官外，皇甫规和张奂与宦官的关系相当恶劣。但东汉后期，当宦官掀起党锢之祸，迫害天下知名的士大夫时，根本没把皇甫规和张免算进去，可见在宦官眼里他们的影响力也无法与关东士大夫相比。皇甫规对此深以为耻，主动上书说自己跟党人是一伙的，请朝廷治罪，但宦官们没有搭理他。

凉州三明虽平定羌乱于一时，但并没能一劳永逸。随着东汉政治在腐败的道路上一路狂奔，以汉灵帝时的黄巾起义为起点，天下人心思乱，边疆不稳，凉州再度爆发羌乱，而且还有凉州汉人豪族参与。东汉政府派出善战的皇甫规之侄皇甫嵩，以及日后的江东猛虎孙坚、一代枭雄董卓平乱，依然不能成功，叛军反而越打越强。

出身关东的司徒崔烈再次建议放弃凉州，凉州名士傅燮怒不可遏，当场痛斥：斩司徒，天下乃安！

傅燮，字南容，北地灵州（今宁夏吴忠）人，是西汉名将傅介子之后，少年时在洛阳学习儒家经学，黄巾起义爆发后投笔从戎，在镇压黄巾起义中立下大功，因为上奏批评宦官，给汉灵帝留下了很深的印象，此后天下知名，成为凉州名士。这样的刚直之士，为了家乡，当然不能容忍崔烈的苟且之议。

最终，在傅燮的推动下，东汉组织凉州残余的政府军力量，由凉州刺史耿鄙统帅平叛。耿鄙可能出自关东巨鹿耿氏（云台名将耿纯的家族）而不是关中扶风耿氏（云台名将耿弇的家族），对凉州抱有敌意，任用奸吏程球为从事，荼毒凉州，导致人心离散。出征途中，担任别驾、从事的凉州豪族举兵哗变，杀死程球、耿鄙，与凉州叛军合流。

叛军很快杀到汉阳郡（在凉州，不在今天的武汉）的郡治冀城。傅燮只有很少的兵力守城，因为他素为凉州汉、胡人士所服，北地郡的匈奴人磕头求他出城投降，拍胸脯保证他的安全。但傅燮下决心身殉故土，拒绝叛军的招降，率寡兵出城迎战，壮烈战死。傅燮的死，标志着东汉王朝彻底失去对凉州的控制，而这次他们的对手不再是先零羌或者烧当羌的野人酋长，而是凉州的汉人名士韩遂及其手下的汉羌联军。

至此，凉州心向中央的豪族基本死绝或者客死他乡，剩下的半因羌族胁迫，半对朝廷绝望，毅然决然地与叛羌合作，不但割据凉州，还进而率领他们攻击长安，与汉朝为敌，其中不乏凉州名士。

关西与关东的最终决裂

凉州豪族之所以与东汉政府决裂，里面有长期的积怨与复杂的原因。

两汉为了防止地方官与当地势力结合，形成割据，设计了任用外地人担任地方官的制度。但在凉州以外的地区，东汉朝廷有时还会选文化差别不大的邻郡人为官，在凉州则为了防范武力强大的凉州豪族，有意使用关东地区的人当地方官。

这些人的家业远在千里之外，面对羌族进逼，为了保自己安全，就建议放弃凉州，把居民内迁，施政时也往往贪残不顾后果。凉州豪族对他们恨之入骨，对他们背后的东汉政府也颇多不满。

东汉的选官制度对凉州也很不利。州郡按人口推举孝廉，凉州因为衰落和长期战乱，人口锐减，每次能推举的孝廉人数很少。孝廉这条出路十分狭窄，凉州豪族只能靠军功出头，他们多在边境担任军职，而关东豪族遍布朝堂。因为关东豪族的有意排挤，凉州豪族在朝堂上的发言权越来越小，朝廷既然不能代表凉州利益甚至跟凉州利益相反，凉州豪族的离心力自然越来越大。

另外，在长期的汉羌战争中，羌人投汉、汉人投羌的都大有人在。羌族汉化的同时，凉州的汉族也开始羌化，变得崇尚暴力、残忍嗜血，董卓就是其中的典型，所谓的民族融合从来都是双向的。这样，他们更加跟关东的文化豪族尿不到一个壶里去。

汉灵帝中平元年（公元184年），羌人趁东汉集中全力平定黄巾时，再度起事。此次的羌人首领北宫伯玉汉化颇深，尊崇当地大姓豪族，劫凉州汉人名士边章、韩遂为首领。边章、韩遂虽是凉州名士，韩遂还名闻京师，但性格上也已经部分羌化，于是索性入伙，率军攻打凉州和长安一带。

同年，凉州名将皇甫规之侄皇甫嵩平定黄巾之乱，建立盖世奇功。凉州豪族汉阳阎忠劝皇甫嵩兴兵造反，消灭汉朝，建立凉州人的政权。但皇甫嵩是凉州少有的向文化士族转变的豪族，讲究儒家的忠义之道，跟武力豪族唯利是图的价值取向不同，坚决不肯造反。阎忠逃走。

中平四年（公元187年），韩遂率汉羌联军大举进攻陇右，凉州豪族汉阳王国起兵响应。汉朝政府军中的凉州豪族又临阵哗变，斩杀凉州刺史耿鄙，耿鄙的司马马腾、陇西太守李相如、酒泉太守黄衍等汉人实力派纷纷加入叛军。

这一幕大戏的尾声，就是出身凉州的政府军军官董卓入主朝堂。董卓虽然是官军，但气质跟叛军高度一致，都是羌化、嗜血，进入洛阳后烧杀抢掠，首都人民简直倒了血霉，而贾诩这时就是董卓的属官。董卓霸占了三公之首的太尉之职，贾诩就是太尉府的掾属，后来又担任讨虏校尉，被派到董卓女婿牛辅军中，驻扎在关中入口处的陕县，确保董卓退回关中之路，可见贾诩在董卓那里还是很受信任的。

一开始，董卓也想跟关东和解，他宣布给党锢之祸迫害的士人平反，并且提拔颍川荀爽、陈留蔡邕等关东名士到朝廷担任高官，对顶撞自己的关东大士族袁绍也不追究，还加封他为渤海太守。但他羌胡化的野蛮作风不为关东那些文化发达的豪族所容，关东很快就兴起以袁绍为首的地方郡守联军讨伐董卓。董卓此时已经被繁华的洛阳销磨得志气全无，输给孙坚几仗后，就下令迁都长安，一把火烧了东汉一百多年的都城洛阳。

董卓退到长安后，依然信心不足，跟以前的对手——凉州叛军马腾、韩遂结盟，共同抵抗关东联军。这样一来凉州的官军和叛军合流，董卓就摇身一变，成了凉州人唯一的代表，把凉州势力都整合到了自己手上。但是关东豪族的力量十分强大，并非凉州人可敌，董卓外有袁绍的军事压力，内部还有出身关东的司徒王允的反间之计，最终被王允联合吕布干掉。

干掉董卓其实没什么。董卓以前虽然是一代枭雄，但自从进入洛阳后就在荣华富贵之中迅速平庸化，西凉军对他也未必多忠诚。他一死西凉军就爆发了内乱。董卓的女婿牛辅杀了实力派董越，一度还击败了吕布派来的讨伐军。但牛辅对自己的威望没信心，担心士兵哗变，带了金银细软连夜逃跑，被随从杀死。这样董卓及其亲戚全部死绝，李傕、郭汜等悍将没了主心骨，都准备做鸟兽散了。

但王允把事情搞砸了。关东豪族在朝堂上一占优势，就摆出对凉州豪族的清算架势，王允继承关东豪族对凉州人排挤、鄙视的一贯传统，言行尤其出圈儿，一代文豪蔡邕仅仅对董卓之死表达了一下悲伤就被弄死。王允又忌惮凉州的战斗力，命令董卓的军队就地解散。

一出手就灭门绝户

当时政治气氛空前紧张，王允的做派使得民间传言朝廷要尽诛凉州人。就在董卓部将李傕、郭汜等人想要罢兵还乡的时候，贾诩登上了历史舞台。他一上台就是大手笔，抛出一条让天下大乱的绝户计。贾诩说你们就这样回去，一个片儿警就能把你们抓去宰了，不如趁着手上有兵，打到长安去，给董卓报仇。梦想还是要有的，万一成功了呢，不就可以和尚打伞——无法无天了吗？要是没成功再跑路不迟。

李傕、郭汜一听有理，当即率兵反攻长安。凉州人就缺个带头的，这下蜂起响应。王允派董卓旧部徐荣、胡轸去抵抗，徐荣是辽东人，在凉州集团里面是客居，颇受排挤，虽然他以前击败过曹操、孙坚，堪称名将，但因为凉州士兵不用命，临阵退缩，胡轸本是凉州人，索性投降。李傕率大军包围长安时已经有十几万兵力，吕布守城八天，城里的叟兵可能也是出于氐羌系统的蛮兵，跟西凉军历来关系密切，开城投降西凉军，吕布败走。西凉军杀进长安，大肆洗劫，李傕等人杀了王允，又怀着对关东豪族的报复心理，纵兵杀害不少公卿。

贾诩献这条绝户计，最主要的原因当然是保命，他也是凉州集团里排得上号的人物，王允保不准会杀他，同时也有报复关东豪族对凉州人长期的歧视和侮辱的意思。结果李傕、郭汜攻破长安以后的搞法把他吓到了，李傕纵兵洗城，把长安人杀了一大半，一点儿也不像能成事的样子。他也知道玩大了，这些羌化严重的凉州将官不可辅。不过东汉以来的乡土社会又使他不得不跟这些人抱团，否则别的地方的人不会接受他。

但以贾诩的聪明，这些都难不倒他，所以他用了三条办法来保全自己。一是走低调路线，坚决不对鼓动造反的事居功，李傕想给他封侯，又想任命他做尚书台的首领尚书仆射，都被他推掉，只做一个小小的尚书，通过低调来消除影响；二是努力维系凉州集团的团结，李傕、郭汜这种粗人动不动要拍桌子翻脸打大架，贾诩在里面尽力说和，以免整个集团溃散；三是在汉朝和西凉军之间两头卖好，在李傕他们干得太过分的时候进行规劝，比如李傕想强娶汉少帝的唐妃，这样骇人听闻的事就被贾诩劝阻了。结果到最后，贾诩这个搅乱天下的罪魁祸首，在汉朝的名声居然不是很坏，这简直是把汉朝卖了汉朝还给他数钱，狠狠地收了汉朝一笔智商税。

但李傕、郭汜是野惯了的货色，最终还是自相残杀起来，还一个劫持皇帝，一个劫持公卿，往疯狗的路上义无反顾地一路小跑了下去。眼见他们没救了，贾诩在给他们说和，让他们放掉皇帝和公卿，给汉朝最后卖了一个大大的好之后，自己也赶紧辞官走人。

但是问题来了，这个时候是乡土社会，贾诩没办法找凉州以外的人抱团，只能在凉州范围内矬子里面拔将军。他一开始挑的是段颎的族弟段煨，但发现段煨气量狭小，担心不能相容，最后就选中了小字辈张绣。

张绣是张济的侄子，李傕、郭汜、樊稠、张济四个人是西凉还乡团的四大金刚，张济去抢劫刘表的时候中流箭死了，部众归张绣统帅。张绣也是个四肢发达、头脑简单的武夫，这时正缺一个军师，就找到了贾诩。但张绣头脑简单归简单，也有一个好处，就是对贾诩言听计从，这已经是凉州人里面最好的选择了，所以贾诩就长待了下来。

有了贾诩的张绣就不一样了。李傕、郭汜的内斗使得西凉军完全解体，又失去了有大义名分的汉献帝，曹操迎立汉献帝以后轻易地就命令关中诸将干掉了李傕、郭汜。这个时候张绣听从贾诩的建议，早早脱离凉州集团，跟关东诸侯刘表结盟，避免了跟李傕、郭汜之流一起烂掉。

但曹操清洗西凉系的屠刀不会停下，很快就率大军来攻打张绣。这时的曹操在战争中已经成长为一流的军事家，代表了关东地区最高军事水平，而贾诩则代表了凉州地区最高军事水平。较量的结果，还是善战的凉州人士略胜一筹，贾诩用计让曹操吃了两次大亏。

但是贾诩击败曹操的时候也在观察曹操。刘表虽然仁厚，但并不长于乱世争霸，迟早被人吞并，与其那时被迫换主公，不如提前谋划。当时有实力统一天下的只有袁绍和曹操两人。袁绍是关东诸侯的盟主，关东豪族的色彩极其浓厚，与凉州人势不两立，凉州人投靠袁绍肯定没好果子吃。而当曹操决定拥立凉州人董卓立的汉献帝，并且派钟繇招安马腾、韩遂、段煨等凉州各种势力后，其政权实际上已经具有了关中色彩，或者说摆脱了关东本位的天下色彩。所以，曹操才是凉州人最佳的选择，而且曹操的才略也确实比袁绍出众。

所以官渡之战前袁绍、曹操争相招降张绣的时候，贾诩劝张绣弃袁投曹。张绣也是凉州人，确实投曹更好，所以贾诩这番决断其实很厚道，自己择主的同时，确实也是为张绣着想。官渡之战后，曹操消灭袁氏，已经成为整个关东的首领，在赤壁之战失败，统一荆楚、吴越受阻后，他又把眼光转向了凉州势力。

此时凉州集团里面董卓一派的势力经过董卓被杀、自相残杀后已经完全衰微，昔日凉州叛军马腾、韩遂却实力大涨，他们不但在陇右、河西根基深厚，有诸多氐、羌部落协助，而且被董卓请到关中后，趁着李傕、郭汜的没落还控制了关中。曹操为了对付袁绍和安定关西，还多次借助马腾、韩遂的力量，凉州有新的叛乱也派韩遂去平定。这样，马腾、韩遂在实力增强的同时还逐渐洗白，在函谷关以西形成事实上的割据。

凉州人的危险曹操心知肚明，他不能容忍关西势力拧成一股绳，与据位置优越的关中，形成昔日的强秦对山东六国一样的战略优势。于是曹操号称要讨伐张鲁，向凉州诸将借道，借此逼他们起兵造反，然后再带兵平定。在平定凉州之乱的过程中，贾诩作为凉州的重量级人物，起到了巨大的作用。他看准了凉州人羌化以后唯力是视、勇于内斗的传统，献上计谋离间马超、韩遂的关系，帮助曹军大破凉州诸将。

贾诩在曹操平定马超、韩遂的战争中的活跃，洗脱了已经被妖魔化的凉州人的底色，展示了中央对凉州的统战政策，陇右的汉人士族如杨阜等纷纷投曹。马超、韩遂的统治地盘受到严重削弱，在夏侯渊的穷追猛打中走向灭亡。因为瓦解凉州的功劳，贾诩最终在曹丕时担任了太尉这样非文化士族不能担任的高官，但也正因为他凉州人的出身和武力豪族的底色，使得这个任命被孙权讥笑。

没错，贾诩通常是给人以谋士的形象，但谋士不一定是精研儒家经学的文化士族，也可以是读史书、兵法的事功家族。贾诩以奇谋见长，从未有过通经术的记载，明显是后一种。这种家族是从武力豪族向儒学士族转型的中间阶段，因为儒家经学特别难，所以学史书和兵法就成了首选，这样他们的地位虽然还低于儒学士族，但是会高于一般的武力豪族。

一个制造天下大乱的人，居然在晚年混了个不错的名声，还当上了非天下名士不能担任的太尉，贾诩不但把汉室玩弄于股掌之上，把天下也玩弄于股掌之上。

天下大乱成就了凉州

虽然曹操大体解决了凉州问题，但终曹魏一代，凉州也并不太平。夏侯渊平定陇右后，河西豪族金城麹氏、敦煌索氏、酒泉黄氏及月氏遗种卢水胡连连造反，因曹魏名臣张既的谋略，河西方才被收入曹魏囊中，但曹魏在陇右、河西的统治依然不稳，尤其是河西地区。

蜀汉也看准了这一点，决定通过争取陇右、河西来夹击关中。诸葛亮五次北伐，只有两次是直接出关中，倒有三次是攻打陇右，第一次北伐时陇右的天水、南安、安定三郡蜂起响应，就是曹魏统治薄弱的明证。曹魏驻守雍凉的郭淮、陈泰、邓艾、王经等也多是客将，不太敢起用凉州本地人。

因为凉州和关中的危机，使得立国关东的曹魏没有像东汉那样舍弃凉州，而是加以重视，大量征辟凉州士人入职中央。陇右逐渐被曹魏消化以后，姜维只好去争夺更偏远的河西，但到蜀汉灭亡后，河西也被魏晋政权消化，金城麹氏、敦煌索氏、酒泉黄氏等纷纷进入魏晋政权，索靖、黄华等人还位居高官。

因为吸收了大量凉州人士，魏晋政权对凉州的重视胜过东汉。晋初，河西鲜卑秃发树机能叛乱，晋军一败再败。晋武帝在准备灭吴战争的同时，也毫无放弃凉州之意，而是派出精兵良将坚决镇压，最终晋将文鸯、马隆等讨平叛乱，保住凉州。

雍凉豪族获得较和平的发展环境，迅速从武力豪族向文化士族转化，对晋朝的向心力也日益增强。西晋时，雍凉士族张轨（安定乌氏人）出任凉州刺史，其时匈奴人刘渊在羯人石勒、汉奸王弥的帮助下席卷中原，都城洛阳岌岌可危，张轨多次派部将北宫纯率精锐骑兵“凉州大马”支援洛阳。

晋怀帝永嘉元年（公元307年），大汉奸王弥率军数万攻打洛阳，北宫纯率精兵百余人冲阵，大破王弥；永嘉二年，刘渊之子刘聪率军五万攻打洛阳，北宫纯再次入援，率军夜袭，大破刘聪。凉州豪族可谓两保晋朝，忠义无双，时人亦竞相传唱“凉州大马，横行天下”。

而贾诩的子孙在五胡乱华的大潮中，其表现也没有辱没了贾诩。贾诩虽然位居高官，但其子孙并未像其他世家一样，趁势向文化士族转变，占据朝廷高位。武威贾氏因为凉州尚武传统的影响，反而形成了能谋善战的门风。

西晋末年，五胡乱华，匈奴汉国大将刘聪、刘曜率军五万围攻首都洛阳。贾诩曾孙贾胤夜袭刘聪，阵斩匈奴贵戚呼延翼，一度击溃刘聪。另一个曾孙贾龛则在凉州拥有庞大的势力，一度企图取代中风的凉州刺史张轨，割据凉州。

不过最出彩的还是贾诩的第三个曾孙贾疋（yǎ）。贾疋自幼就有勇有谋，其时匈奴人的汉国已经攻破洛阳，进而遣刘曜等攻陷长安。贾疋与凉州豪族敦煌索氏、金城麹氏等合作，兴兵数万，大破刘曜，收复长安，拥立晋愍帝，延续晋祚。可惜不久后贾疋在与凉州胡人的战斗中意外身亡，世人无不痛惜。晋愍帝政权与刘曜交战，屡战屡胜，最终因为关中残破，给养不足，到建兴四年（公元316年），长安被刘曜攻破，西晋灭亡。从永嘉元年王弥第一次包围洛阳算起，可以说凉州豪族将五胡乱华推迟了将近十年。

贾诩以及身后的武威贾氏，名将辈出，与凉州的一贯气质十分符合，同时又作为凉州的代表人物参与到中央事务中，掀起了毁天灭地的巨大波澜。他们对于文化发达的中原有向往、有挣扎、有坚持、有付出，可以视为关西与关东数百年纠葛的一个缩影。

两汉以来凉州力量的最后归宿，就是张轨为首的凉州豪族建立的前凉政权。前凉成为汉人在北方的避难所，文治武功为十六国诸凉政权之首。

因为中原士人的流入与凉州本土越来越重视文教，前凉不但自身文化成就迭出，而且带动得周边的秃发鲜卑、乞伏鲜卑、卢水胡人、略阳氐族都日益汉化。后世在雍凉建立政权的南凉秃发氏、西秦乞伏氏、北凉沮渠氏无不重视文教，汉人李氏建立的西凉更不用说。北魏消灭北凉后，得到的河西士人李冲等成为魏孝文帝汉化的主要助手，河西士族与出自青齐士族的“平齐户”一同帮助北魏实现了汉化，可见十六国末期河西文化已经足以与秦汉时代的文化中心齐鲁之地并驾齐驱。

凉州豪族尚武的传统则使前凉政权名将辈出，前凉创立者张轨、陇上壮士陈安、一代儒将谢艾等人都堪称名将。尤其是后赵统一北方后，石虎三次派大军攻打前凉，都被谢艾以少胜多，只得铩羽而归。直到数十年后，前凉才在大秦天王苻坚压倒性优势的兵力下灭亡。

总之，以贾诩为代表的凉州士人，在三国两晋南北朝的乱世中，发出了耀眼的光辉，他们虽然造成了天下大乱，却在历史的奇妙轨迹中成就了凉州，而脱胎换骨的凉州士人也对华夏文明的保存和延续做出了巨大的贡献。

{陆}

八百年士族政治的关键节点

在最近的一些电视剧以及很多人的印象里面，曹操的谋主荀彧对汉朝忠心耿耿，为此不惜与曹操决裂，最终服毒而死，让大家对他充满了同情。然而，荀彧是否真的忠于汉室，后人其实聚讼不已，唐代的杜牧、宋代的司马光、明代的王夫之等都各有见解。

其实荀彧的一生，或者说从荀彧的祖父荀淑，到荀彧的玄孙荀崧、五世孙荀羡（荀灌娘的哥哥）的人生轨迹，体现的正是从东汉到东晋，中原士族从生成、崛起到辉煌的过程，其间经历的党锢之祸、汉末乱世、魏晋禅让、八王之乱、永嘉南渡、王与马共天下等事件，都对士族的发展路径产生了重要的影响。

如果放大到颍川荀氏全族来看，这个过程就更加清晰了。因为荀彧的孙辈和曾孙辈没有什么杰出的人物，而出自其叔荀爽一系的荀勖（荀爽的曾孙也就是荀彧的孙辈）、荀藩（荀爽的玄孙也就是荀彧的曾孙辈）很好地填补了这个空缺。把颍川荀氏从东汉到东晋的历程梳理一遍，我们就可以发现士族政治的奥秘，从而对荀彧在汉魏之际的作为和选择有一个更深入的认识。

儒学与豪族的结合

士族的形成基础是豪族，但不仅限于豪族，要说清楚士族，我们要先谈一谈豪族。豪族这个词一般是指汉代地方上势力强大的宗族，其来源一般有以下几个：从秦国统一战争和秦末大乱中幸存下来的六国贵族、大工商业者、种田致富的豪民、官吏的家族。

秦国统一天下后，对地方上的贵族和势力强大的宗族是十分敌视的，出台了许多打击措施，如把齐国王族田氏，楚国王族昭、屈、景三氏大量迁到关中，监视居住，另一些次级的大家族则被流放到秦国的边地如巴蜀一带，如司马相如的岳丈卓王孙祖父辈本是齐国的巨商，是被秦军押送到蜀郡临邛去的，只不过在临邛白手起家又富起来了而已。

等到汉高祖刘邦诛秦灭楚，建立汉朝后，身为楚人的刘邦因为楚地流行的黄老思想的影响，采取无为而治、与民生息的施政方针。虽然说汉承秦制，并且如今湖北张家山竹简的出土发现汉朝法律与秦朝没什么差别，也就是说汉法与秦法一样苛刻，但汉初因为功臣集团的制约和施政方针的缓和，政府执行这些法律时并不严格。从刘邦、吕后到汉文帝、汉景帝，国家并没有蓄意去折腾民间，社会经济获得极大发展，贫富差距随之增大，大量新豪族涌现出来，和那些恢复元气的旧豪族一起，成为在地方上影响巨大的豪族阶层。秦制帝国的力量没法深入社会的每一个角落，社会活力因此大增。被秦朝打压的诸子百家的思想复兴，经过进一步讨论和融合，出现了《淮南子》这样的融合性巨著。

但阴影也是存在的。首先汉朝一直在延续秦朝的迁豪政策，凡家产达到一定数量的豪族都被迁入关中，监视居住。以当时的交通状况，豪族在拖家带口地长途搬家的过程中破产的很多，即便勉强没有破产，其经济实力也要受到很大削弱，所以地方上很难出现能够与朝廷抗衡的大豪族。另外随着汉文帝、汉景帝对军功集团的蓄意打击，皇权逐渐摆脱军功集团的制约，这个巨大的怪兽随着汉武帝的上台将尽情释放其恐怖狰狞的一面。

汉武帝变态的权力欲驱使他想尽一切办法控制全社会，他任用张汤、杜周、宁成、义纵等大批酷吏残杀地方豪族，动不动屠杀几百上千，掀起遍布全国的腥风血雨。但他的根本目的并不是打击豪族的不法行径，而是要借杀戮来迫使广大豪族放弃其独立性，所以一边杀还一边拿出官位引诱豪族当官，只要豪族肯当汉朝的官，横行不法就是没关系的。豪族作为地方力量的代表和组织者对汉朝屈服以后，全社会都丧失了对汉朝说“不”的权利和资本。从此一个人要有权才是真牛，有钱有名有德都没用，轻易就会被权力者整死，官本位的社会开始形成。

汉武帝自以为得计，但他不会想到，地方豪族被迫当官以后很快就发现了这里面的利好。汉武帝经几十年完成的强力集权，正好让官员们的权力水涨船高，而出身豪族的官员其实力和底气又始终比出身寒门单家的要足。到了汉武帝的玄孙汉元帝时期，随着豪族在朝中力量的壮大，汉元帝不得不结束延续了上百年的迁豪政策。而这些豪族掌握朝权归根结底是被汉武帝逼的，这不能不说是对汉武帝的一种讽刺。

迁豪政策结束后，地方豪族开始茁壮成长，力量以几何级数增加，到汉末他们已经是足以左右天下的力量，王莽因为得罪他们而亡国，刘秀因为他们支持而建国。因为东汉王朝的基本盘就是地方豪族（南阳功臣、河北功臣、河西功臣），所以不可能对豪族有什么太大的动作。

豪族力量壮大以后，就分成了两类。一类是不法豪族，他们利用强大势力横行乡里，鱼肉百姓，到东汉中期以后甚至贿赂外戚、宦官，想要借助中央政权的力量完成对地方上自由民的奴役；另一类是他们的对头，勇敢地站出来跟他们打对台，得到自由民的拥护，自由民团结在他们周围，一起反对不法豪族，因此他们在民间声誉极好，慢慢形成了口碑，成了日后的名士，不过名士并不仅限于豪族，有些平民因为有勇气跟不法豪族对抗，也成了享誉乡里的名士。因为这两派豪族斗得厉害，甚至会兵戎相见，豪族的宅邸里面才需要修筑军事用的望楼，这在今天传世的东汉画像砖和明器里很常见，不然太平时节他们修这个干什么。

另一方面，虽然从汉武帝时就开始确立儒学为官方意识形态，但社会心理的变化总是滞后于国家政策的变化，所以直到东汉，民间才广泛地了解和接受儒学。因为汉光武帝、汉明帝、汉章帝祖孙三代有意加强儒学中的谶纬成分，儒学进一步神学化。出身豪族或平民的名士的作为本来就符合儒学的精神，在这个过程中基本上都皈依了儒学，与不法豪族的抗争在得到神学化儒学的加持后更加坚定。以儒学为纽带，地方上影响极大的名士们逐渐形成一个阶层，逼迫朝廷向社会让步。后来“儒学有成”就成了朝廷考核和选官的标准，名士当了官就更容易把儒学上的成就作为家学传给下一代，让下一代也当官，于是汝南袁氏（袁绍的家族）、弘农杨氏（杨彪的家族）等一些世代高官的名族就诞生了，这就是士族政治的开端。另外一些豪族虽然不能像这些名族一样累世高官，但其家族成员也总是比较容易就获得官职，称他们为士族可能还不够格，可以称之为士大夫。

士大夫掌握了政治权力，就能更好地与不法豪族对抗，而不法豪族为了扳倒士大夫，就进一步投靠士族的对头外戚和宦官。本来外戚和宦官就是皇权集团的成员，与士大夫为主力的政府在权力上有根本的冲突，现在地方上两派豪族的争斗就又加剧了中央皇权与政府的争斗。

党锢之祸与奇节之士

至于具体的争斗方式，外戚、宦官甚至皇帝是残杀士大夫，如外戚梁冀杀过李固、杜乔，汉桓帝杀过李云、杜众，后来宦官更是在党锢之祸中肆无忌惮地杀害士族，其中就有士大夫领袖李膺、杜密。而士大夫的反制武器就是舆论和民心，相比于胡作非为的皇帝、宦官和土豪劣绅，他们明显更能得到民众的拥护，他们就通过引导民间的舆论来加强自身的力量。“前后三李杜”在他们的宣传下光芒万丈，同时一个个有民意加持的称号“三君”“八俊”“八厨”“八及”批量诞生。他们既是民间舆论的代表也垄断了民间舆论。一个人如果无法通过他们的认证就无法成为名士的一员，也无法获得仕官优先权，这种认证方式最有名的就是汝南许靖、许劭（许子将）兄弟的“月旦评”。很多人为了获得名士或者说优先仕官的资格，不得不遵守名士的道德标准，一方面他们要信仰神学化的儒学，另一方面则要与本乡的不法豪族坚决斗争。在这样的舆论环境下，天下兴起了一种争当好人的风气，后世对此评价也很高，如司马光就认为“三代既亡，风化之美，未有及东汉之盛者也”。当然这里面也会有一些人是装的，不过秦晖先生说得好，环境逼得他们“伪善”，总比有些环境逼得人“伪恶”（原本没那么坏，但为了生存要装得很坏）要强上百倍千倍。

说士大夫是君子，确实是君子，但君子的手段十分有限，只有道德和民意。他们的对头皇权集团的手段则要丰富得多，而且还有军队在手。于是当士大夫与皇帝的代理人宦官越斗越厉害之后，宦官就怂恿其后台皇帝出手，对士大夫大加迫害。汉桓帝也恼火这些士大夫制约得他无法随心所欲地胡搞（虽然已经很胡搞了），于是将大批士大夫诬为“党人”，抓捕下狱，虽然没杀多少，但是全部罢官，并且不许再做官（也就是禁锢），因此叫作“党锢之祸”，这还只是第一次。

经过几十上百年的士大夫政治，士大夫在朝堂与社会上的实力也不容小视，宦官并不能将他们一网打尽。而且皇权集团中的外戚在与宦官的斗争中越来越失势，也有意与士大夫联手对付宦官。于是汉桓帝死后，其国丈窦武与士大夫领袖太傅陈蕃合谋诛杀宦官，却因事机不密，宦官挟持窦太后，忽悠年幼的汉灵帝抢先动手，杀死窦武、陈蕃，随即掀起第二次党锢之祸，残杀知名士大夫百余人，此后被波及迫害的士大夫又有六七百人。八年之后（公元176年），永昌太守曹鸾上书为党人讼冤，要求解除禁锢，结果已经成年的汉灵帝比宦官更加穷凶极恶，不但将曹鸾杀害，而且将“党人”任官的门生故吏和亲属一概罢免，连同这些人的家族成员一起禁锢终身。直到黄巾起义爆发，在汉朝处于非主流的道教豪族起兵反汉，汉朝害怕信奉儒教的士大夫（大部分也是豪族）与道教豪族联手，这才解除党锢，但汉朝的天下也已经陷入风雨飘摇之中了。

经过两次党锢之祸，原来对儒学信仰最坚定的士大夫领袖多被害死，而受其感召和影响而信仰儒学、与黑恶势力对抗的一些豪族则在朝廷的屠刀下被迫改弦更张，屈服于皇帝及其代理人宦官，全社会向善的风气荡然无存。从这时开始，汉朝的士风发生了翻天覆地的变化，笼罩两汉数百年的儒学价值观开始破产，士大夫群体对于政治和宇宙有了新的思考，处事风格发生了明显的变化，魏晋玄学开始萌芽。

但是这些屈服于朝廷的豪族是口服而心不服。他们虽然遵从儒学价值观，但本身未必像被杀害的那些士大夫领袖一样对儒学有很深的研究，所以在面对令人窒息的黑暗时，他们中间产生了两种新的价值观，一种是与世沉浮，保全自己，一种是消灭汉朝，拯救天下。无论是哪一种，都已经放弃了儒学中的“忠君”观念。这样的人，当时被称为“奇士”“有奇节”。奇是与正相对的，“奇节”就意味着放弃了“正道”，故而后世的苏轼说：

东汉之末，士大夫多奇节而不循正道。

这两种价值观并不矛盾，可以兼而有之，放弃正道是为了保全自己，保全自己是为了拯救天下。颍川荀氏或者说颍川士大夫正是兼有这两种价值观或者是说“有奇节”的代表。

东汉的豪族在各地的发展水平是不一样的，这跟各地的经济发展水平颇为一致，经济越发达的地区豪族越强大，反之亦然。按豪族的实力来排名的话，第一名是关东地区，第二名是关中地区，第三名是巴蜀地区，然后是江淮地区，最后是燕代（河北、山西北部）和凉州这样的边境地带，而关东地区豪族最发达的又是靠近首都洛阳的南阳、颍川、汝南三郡。豪族越发达的地区，豪族的文化水平越高，豪族阶层的觉醒程度越高，越倾向于有意识地联合，而且像关东、关中这两个最发达地区的豪族其眼光已经脱出本乡本土，而是着眼于整个天下。关东士大夫中以颍川士大夫最为突出，颍川士大夫中又以颍川荀氏最为典型。

颍川荀氏是战国时大儒荀子之后，到荀彧的祖父荀淑时开始发达。荀淑的祖辈籍籍无名，他虽然读了不少书，但崇尚学问的实用性，在具有神学地位的儒家经学上并没有什么成就。东汉后期有很多这样的家族，想要提升家族的地位，但儒家经学从西汉后期以来就章句烦琐十分难学，非有名师难以学成，这些家族就以读史书为主，增加自己打仗和治政的能力，这样也能变成士大夫，提升家族地位，但地位比经学世家要低一等。河内司马氏也是这个套路，司马懿的祖父司马儁、父亲司马防也都是靠读史书来提高档次，经学上没什么成就。

荀淑虽然对经学没什么钻研当不了祭司，但是人品好，而且不是一般的好，肯定是做过什么了不起的好事，只不过失传了，符合儒家道德的要求，所以士大夫领袖李固（官至三公之一的太尉）、李膺（官至三独坐之一的司隶校尉）都对荀淑敬重有加。到他儿子那一辈，地位上升的颍川荀氏开始钻研经学，荀淑的第六子荀爽成为古文经学的大师，荀淑之侄荀昱、荀昙也都经学有成，成为知名士大夫，荀昱还是“八俊”之一，与李膺、杜密齐名。

但是就在这个时候，两次党锢之祸爆发了，已经成为党人首领的荀昱被宦官杀害，已经成为儒学大师的荀爽也四处逃亡以躲避迫害，而颍川荀氏里面那些还不以儒学著称的人物，在党人风头正劲的时候倒也愿意干一些好事来博取名声、获得官位。只不过等到朝廷大杀党人时，他们则被吓得赶紧改弦更张，甚至跟宦官合作，但这不能怪他们软弱，只能怪皇帝和宦官太过凶恶。

这些人里面就包括荀彧的父亲荀绲，为了躲避宦官的迫害，身为名族的荀绲竟然为儿子荀彧娶了大宦官唐衡的女儿，这导致其名声受到巨大的打击。这还不是孤立的现象，颍川陈氏（陈群的家族）、颍川钟氏（钟繇的家族）等名族也有类似的行为。陈群的祖父陈寔是与荀淑齐名的名士，出身寒微，喜欢读书，虽然在太学进修过但是儒学上并无成就，所以应该也是历史系出身。大宦官张让是颍川人，丧父时吊丧的人虽多，名士却一个都没有，陈寔虽为大名士，却去为张让之父吊丧。钟繇的曾祖父钟皓是文法吏而非儒生出身，其侄钟瑾是士大夫领袖李膺的妹夫，李膺以孟子之道要求自己，并且跟黑暗势力抗争的时候，钟瑾觉得环境险恶，不肯出来做官。钟皓对此大加赞赏，认为钟瑾懂得保身之道，比李膺要正确。这些都是东汉士人的豪族追随者与士人本身的儒学价值观不同的一面。

灭汉朝与济天下

但他们都是口服而心不服，他们的奇节不是彻底屈服而是屈身待时。卫广来先生认为“奇士”的精神内涵并非一般的俗儒能够理解。这些奇士与硕果仅存的儒学士大夫以不同的方式思考怎样救世，他们不约而同的一点就是或明或暗地与汉朝为敌。

党锢之祸发生后，许多儒学士大夫逃亡山泽之中，在偏僻之地一面著书立说，一面教书育人。他们的思想中很重要的一条就是消灭汉朝，荀彧的六叔荀爽就一直在为消灭汉朝进行理论建设。

应该说西汉时代，儒家的革命性还是很强的。孟子“君视臣如草芥，臣视君如寇仇”的君臣对等思想、“闻诛一夫纣矣，未闻弑君也”的诛杀独夫思想，加上“民为贵，社稷次之，君为轻”的民本主义思想，都使得皇帝的地位不是那么天然合理，皇帝对臣民在理论上也没有后世那么大的优势。汉代的官方意识形态是董仲舒的新儒学，董仲舒的思想又是从儒学中思孟学派生发出来的，所以官方意识形态就把这些思想也吸收了进去。就算董仲舒将皇帝神化为“代天受命”，也还在天子的头上安了个可以管他的“天”，而且这个“天”

的意思要由儒生来解释，天子要是乱来，天可以降罪。

所以当汉武帝把汉朝折腾得民穷财尽以后，汉朝的合法性就严重动摇，民间不断有人上书，说汉朝不行仁政，气数已尽，理应退位让贤。劝汉朝禅让的，汉昭帝时有儒生眭弘，汉宣帝时有儒生盖宽饶，汉哀帝时方士甘忠可、夏贺良也加入了这一行列。最终随着汉朝政治的败坏，到汉平帝时全天下都认为汉朝应该滚蛋，于是天下人拥戴堪称儒生楷模的王莽取代了汉朝。

可惜王莽也没能解决西汉的弊政，这种弊政是多少年社会运转积累下来的，本来也不是换个人就能解决的，但是汉代的儒生却迷信儒家典籍里“尧舜禅让”的威力，认为换一个有德之君这些问题自然迎刃而解。王莽确实是按儒生设计的那一套来改革的，但是其改革过于理想化，严重脱离实际，带来了新的弊政，把豪族全得罪了，百姓也没得到真正的实惠，最终被推翻。汉光武帝刘秀遂借口王莽时代政治混乱，将天下推举王莽合法上台这件事污名化，禅让的事不许再提了。刘秀又扶持谶纬之学，由皇家垄断天意的解释权，以前天降灾害说明老天对皇帝不满意，皇帝要反省甚至下罪己诏，到东汉则改为罢免三公，皇帝啥事不用干。总之在汉光武帝的设计下，东汉的皇权全面提升。

也正因为如此，东汉的皇帝更加胡来，甚至后来皇帝太小时，皇帝的代理人外戚和宦官也随意胡来，搞得政治败坏，天怒人怨，掀起党锢之祸以后更是自寻死路、救无可救。东汉的儒生不禁会想：汤武革命，顺天应人，汉朝既然不肯像儒家经典中那样退位让贤，为什么不革了它的命?

于是荀爽著《易传》，从学术上寻找革命的合理性，陈启云先生对此研究甚备，容我稍作转述。如注释《明夷》卦的“君子于行，三日不食”：

日以喻君，不食者，不得君禄食也。阳未居五，阴暗在上。初有明德，耻食其禄。

这里把“日”曲解为皇帝，然后结合卦象中最重要的第五爻是阴爻，在阳爻上方这一点来看，暗指第五爻的阴爻，象征着皇帝是昏君，而阴爻下方的阳爻则是明德君子，明德君子不应当食昏君乱朝之禄，所以应该将昏君乱朝推翻。

“谦”卦的第五爻是阴爻，象征邪恶的人居君位，第三爻是本卦唯一的阳爻，象征有德的人屈居下位，荀爽注释时说：

阳当居五，自卑下众，降居下体，有下国之意也。众阴皆欲扐阳，上居五位，群阴顺阳，故万民服也。

意思更加直接，就是仁人君子本来应该处在上位来治国理政，却被皇帝、宦官、不法豪族之类的“群阴”撸了下来，“群阴”还想窃据至尊的第五爻之位。必须让“群阴”对仁人君子低头，天下才会太平，也就是说要发动革命，推翻昏君。

荀爽的这种意识并不是孤立的，当时他的学说影响很大，兖州、豫州都传荀氏学，可见兖豫士大夫多有与荀爽同心者，而兖州、豫州是东汉经济文化最发达的地区，兖州和豫州的士大夫具有极大的能量，他们不但有想法而且还很快付诸行动。

东平王氏的王芬（一名王考）是兖州的知名士大夫，党人评定的“八厨”之一，黄巾之乱后出任冀州刺史。当时的知名方士襄楷夜观天象，认为天象大不利于宦官，王芬与上一代名士首领陈蕃之子陈逸、南阳名士许攸等人合谋废掉昏君汉灵帝，改立合肥侯为帝，他还邀请了同属兖州的平原郡名士陶丘洪、华歆入伙。陶丘洪、华歆虽然最终没有入伙，但不入伙的原因是认为王芬不能成功，而不是认为废皇帝这事是错的，日后华歆还是虐待汉献帝的急先锋。

四世三公的汝南袁氏是豫州名族，其中最杰出的袁绍是士大夫领袖，他肯定也有受到荀爽学说的影响，对汉朝皇帝不怎么当回事。当袁绍号召关东士大夫跟关西军阀董卓对峙时，对董卓拥立的汉献帝也全没有当回事，一度想立幽州牧刘虞为帝，同属豫州的颍川韩馥以及出身兖、豫二州的关东郡守多参与了此事，只是因为刘虞坚决不肯做皇帝才没有成功。

即便是听从父命娶了大宦官唐衡之女的荀彧，在度过最初的危机之后，也用实际行动表达了对汉朝的反抗。当时南阳名士何颙与曹操、荀彧友善，又与袁绍结为好友，多次入洛阳与袁绍密议，营救党人，荀彧肯定也参与其中。后来袁绍与外戚何进合谋诛杀宦官，宦官铤而走险杀掉何进后，袁绍以此为由围攻皇宫，对宦官进行绝种性屠杀，随即任命荀彧担任之前由宦官专任的守宫令，掌控宫禁。可知荀彧早年即与袁绍交情深厚，且对汉室都未必有多少敬意。不久荀彧举家迁往冀州，袁绍还待之以上宾之礼，两人是有过一段蜜月期的。

但是，随着董卓窃据朝权，天下秩序陷入了极端的混乱。关东郡守以讨董为名起事，但不久就开始自相残杀，中原陷入军阀割据的局面，“白骨露于野，千里无鸡鸣”。董卓虽被王允用计杀死，但其旧部李傕、郭汜率西凉兵血洗长安，之后李傕、郭汜又自相残杀，把关中杀得不复人迹。汉朝的统治是极度腐朽的，应该推翻，但统治秩序丧失后带来的血流成河又令士大夫开始反思，灭了汉朝是不是就万事大吉了？当时并没有后世那样完备的社会学和政治学分析方法，可以分析出皇权扩张的危害以及应对之法，大家也很迷惘是灭汉朝好还是不灭汉朝好？荀彧堂兄荀悦的《汉纪》《申鉴》等著作中虽然对宦官政治仍然严厉批评，但对汉朝本身已经颇有回护，与荀爽年代的学风已经颇有不同。但荀悦的观点也不是这个问题的终极答案，最终灭汉与拥汉的两难使得士大夫认为，在世界运行的背后是不是有什么玄之又玄、说不清道不明的深层规律（与谶纬儒学认为的上天对人间事务立竿见影、一对一的反应规律不同）主宰？这是玄学产生的一大原因。

不过，相比于荀悦的理论研究，荀彧作为现实政治中的“王佐之才”就没那么多纠结了。原本他是跟叔父荀爽的想法更加一致的，为了拯救天下不惜与汉朝作对，所以才会加入袁绍、何颙的密谋。但看到汉朝权威扫地以后天下大乱，并没有出现想要的太平盛世，他又觉得汉朝名分是拯救乱世的重要助力，于是又决定拥护汉室。对于汉朝本身，荀彧不见得有什么感情，但为了拯救天下，结束乱世（从东汉后期宦官当政时就已经是乱世了），汉朝名分是一种重要的合法性助力，需要善加利用，因此荀彧的很多作为显得忠于汉朝。然而，作为士大夫领袖颍川荀氏的一员，他的本心只是要拯救天下，并非做一家一姓的忠臣。这才是后面一系列看似自相矛盾的事件的关键。

王佐之才与乱世枭雄

为了拯救天下，“王佐之才”荀彧离开了与自己同为士大夫名族的袁绍，转投出身阉宦浊流的“命世之才”曹操，可见其拯救天下之志优先于士大夫的阶级认同。而曹操也不是从一开始就打着篡窃的心思，其早年为人处世颇有理想主义色彩，毕竟小时候的梦想是做一个立功异域的“汉征西将军曹侯”。在讨伐董卓之战中，曹操表现得远比袁绍积极，甚至不计利害地单独率军追击董卓，差点战死沙场。可以说曹操与荀彧合作的初期，两人都是志在平定天下，曹操给乱世中出生的儿子曹丕、曹彰起字子桓、子文，就是表示自己做的是齐桓公、晋文公的“桓文之业”，志在做一个代汉朝天子收拾局势的霸主，而不是自己成为天子。

在这个过程中，荀彧给予曹操巨大的帮助，甚至可以说曹操的基业一半以上是荀彧带来的。东汉时廉价纸张还在普及的过程中，印刷术还没有发明，书籍还是奢侈品，士族凭借经济实力几乎垄断了教育和文化，所以治国之才多在士族之中。曹操出身阉宦家庭的“浊流”身份对他招纳士大夫是很不利的，荀彧作为士族领袖，亲自出马招人，为曹操弥补了短板。东汉末年豪族越发达的地区文化水平越高，治国水平也就越高，其中最突出的是关东、关中两个地区，这两个地区的士大夫都不再把政治目光局限于本地，而是颇具天下视野。荀彧的家乡颍川郡从西汉黄霸治理之后就是汉朝的名郡，东汉以来更成为关东最发达的地区之一，名士辈出，这里的人才荀彧举用起来自然不在话下，颍川名族荀氏的荀攸和荀悦、钟氏的钟繇、陈氏的陈群、郭氏的郭嘉，以及并非名族的赵俨、杜袭都被荀彧举荐给曹操。颍川之外，关东其他州郡和关中地区的知名士大夫因为具有天下视野，交游广阔，荀彧也多有相识，大量举荐。关东士大夫如高平郗虑、平原华歆、河内司马懿、东海王朗等，关中士大夫如京兆严象、京兆韦端等，都是荀彧慧眼识才，加以提拔。

这些名士在曹魏政权建立过程中各显神通，作用极大。荀攸是不亚于荀彧的大谋略家，尤其擅长军事谋略，在曹操历次战争中贡献了“十二奇策”，多有扭转乾坤之力，只是因为自己烧掉了，未能流传后世；郭嘉多次料中敌人的举动，在曹操击破吕布、刘备、袁谭袁尚兄弟的战争中辅助曹操做出正确的决策，成为天下知名的大军师；钟繇则在袁曹相争的关键时刻，说服关中诸将马腾、韩遂等支持曹操，挫败袁绍军从并州南下，包抄曹操的企图，使曹操西线无忧；陈群也像荀彧一样，为曹操、曹丕举荐了大批人才，还制定了影响魏晋南北朝几百年的选举制度九品中正制；赵俨成为曹魏政权的万金油，在官渡之战中为曹操看守后路，合肥之战中调解张辽、李典的矛盾，制造了逍遥津之战的辉煌，襄樊之战中又为徐晃、曹仁出谋划策击败关羽；司马懿的事迹更不用多说，场面虽难看但终究是挡住了诸葛亮北伐，还为曹魏消灭了割据辽东的东北亚霸主公孙渊，这些人的事迹加起来基本上就是曹魏建国的历史。个别人物如扬州刺史严象被孙策消灭，凉州刺史韦端被马超消灭，那是因为边远地带崇尚暴力的游戏规则跟中原的士族社会有所不同，出乎荀彧的预料，并无损于荀彧的知人之明。

与举荐人才一样，荀彧对曹操意义重大的另一举措是劝曹操奉迎汉献帝，“挟天子以令诸侯”。迎接汉献帝之前，曹操本是以袁绍为首的关东士族联盟的一员，后来袁术因为是袁氏的嫡系，与袁绍争夺盟主之位，曹操作为袁绍一党，得到袁绍扶持，获得兖州，并在袁绍的协助下击退了袭击兖州的吕布，保全了地盘。但是，随着中原群雄一个一个被消灭，曹操与袁绍对抗之局隐然成型，而曹操的扩张速度远不及士族领袖袁绍，在这种情况下，荀彧劝曹操奉迎汉献帝。汉献帝是关西军阀董卓拥立的皇帝，而且立帝程序合法性不够，以袁绍为首的关东士族一向不把汉献帝放在眼里，甚至视如仇敌，迎接汉献帝等于背叛了关东同盟，与盟主袁绍成为死敌。因此对于是否要奉迎汉献帝，曹操麾下众将也犹豫不决。关键时刻，是荀彧一力促成曹操拥立汉献帝。此后，曹操身为关东势力的二号人物，同时可以使用关西势力的军事资源，关西诸将马腾、韩遂等皆为其所用，而且各地的士大夫、豪族也多有因为汉献帝来投奔曹操的。曹操的势力急剧膨胀，扩张速度大大反超袁绍，在袁曹最终的决战官渡之战前极大地扩充了实力，为主力决战的胜利奠定了良好的基础。

在官渡之战中，又是荀彧的鼓励，使曹操最终赢得了最终的胜利。当时袁绍发大军十万南下，粮草充足，睥睨一世，而曹操兵力不过两三万，军粮也不足，虽然在战役的开始阶段取得了白马、延津之战的胜利，杀掉了袁军名将颜良、文丑，并把袁军引入黄河、濮水、渠水等多条河流之南的官渡，以便袁军战败后面对河水无路可逃。但实力的巨大差距仍然让曹军被袁军压着打，而且袁绍还利用其声望在曹操后方煽动多起反叛，使得曹军人心惶惶。在此危局下，曹操对死守官渡失去了信心，写信给荀彧，商量退守许都，荀彧明确反对，强调此时正是分生死的时候，先退者必死，袁军锐气已尽，即将生变，让曹操继续坚持。这个“即将生变”也并不是荀彧用碰运气的心态分析战局，而是他根据袁绍势力的状态推测出来的。早在官渡之战的两年前，孔融夸耀袁绍的强大时，荀彧就敏锐地发现了袁绍阵营内部河北派与河南派的矛盾，并且随着曹操奉迎汉献帝，袁绍名分上的被动使其更难御下，两派斗得愈发激烈，一定会爆发内变。果然在战斗中河南派的许攸家人犯法，被河北派的审配捉拿，许攸只好投奔曹操，将袁军底细和盘托出，劝曹操火烧袁军屯粮重地乌巢，对取得官渡之战的胜利起到了决定性作用。可以说官渡之战是荀彧的料敌如神和曹操的用兵如神合起来取得的胜利。

另外，荀彧虽然长于料敌，但并不常随曹操出征，曹操每次出征，基本上都是荀彧总领后方一切事务。曹操奉迎汉献帝后，本来要做三公之上的大将军，后因袁绍不满，把大将军一职让给袁绍，自己做三公之一的司空，后来则升为丞相。在此期间荀彧长期担任尚书令，可以说与曹操分享相权。

尚书本来是宫中主管文书流通的小官，汉武帝为了从政府手中夺取权力，给宫中的尚书、侍中、散骑等侍从小官以议政之权，形成了中朝官，事实上是皇帝的秘书机构。此后皇帝通过中朝决策，下令让外朝照办，外朝体现的不再是政府意志而是皇帝意志。东汉建立后，汉光武帝为了加强秘书机构的权力，把尚书台拿出来成为一个政府部门，直接对皇帝负责，尚书台从三公那里侵夺了更多权力，朝会时与司隶校尉、御史中丞独坐一席，可以与三公分庭抗礼。也就是说东汉时代三公和尚书令的权力加起来，才等同于西汉的宰相，说是三公与尚书令分享相权也不为过。荀彧担任尚书令，实际上就与司空曹操分享了相权，可见曹操对荀彧的信任和推重。

而荀彧为曹操当这个尚书令也相当用心。东汉尚书台权重，皇帝往往利用宦官掌控尚书台来发动政变，诛杀权臣，虽然何进死那会儿袁绍就把宦官杀了个七七八八，但若是尚书令本人肯听命于皇帝，则发动政变更加方便，汉献帝也经常跟荀彧讨论经学，未尝没有笼络之心。但荀彧坚定地站在曹操这一边，使得汉献帝几次针对曹操的阴谋都无法发动，可以说是为曹操看住了汉献帝及其一党，而且一看就是十几年。这种行为如果还要将其说成是汉室忠臣，无论如何说不过去。

可以说，“王佐之才”荀彧与“命世之才”曹操在“拯救天下”的道路上组成了一对黄金组合，两人相处得十分融洽。曹操也不完全把荀彧当成臣属来看待，把荀彧和自己的关系说成“共事”“戮力同心”，给汉献帝的奏表中，对荀彧的赞美之辞连篇累牍，如“彧之功业，臣由以济，用披浮云，显光日月”“天下之定，彧之功也”“彧之二策，臣所不及也”。当荀彧推辞曹操为自己表功时，曹操在劝荀彧接受的信里还动情地说：“君之相为匡弼，君之相为举人，君之相为建计，君之相为密谋，亦已多矣。”细读其文，可以看出不完全是应付公事，其中颇有真心的欣赏。后来曹操甚至想要举荐荀彧为三公，跟自己平起平坐，因荀彧志在拯救天下而非个人功名，在尚书令的位置上更能发挥作用，所以让荀攸前后推了十几次，终于推掉了。

天下之志与家门之私

如此看来，曹操与荀彧可谓志同道合、惺惺相惜，为何后来竟会反目成仇、相爱相杀呢？因为曹操的志向变了，变得跟荀彧的志向水火不容，出现这个变化的原因是赤壁之战的失败。建安十三年（公元208年），曹操以垂暮之年，操全胜之局，想要一统天下，却惨败于孙刘联军之手，荆州数十年积聚的战船，一部分被孙刘联军烧毁，一部分害怕被敌人所得自己烧毁，没有了水军，可以说在有生之年没有了吞并江东的希望。

如果赤壁之战战胜，曹操可以顺势统一南方。此时汉朝分裂的时间尚不算长，完全可以复兴，有汉朝的名分，有曹操的更新政治，天下可以归于安平。但如此大败以及年老志衰，让曹操失去了统一天下的雄心，既然无法让自己的丞相一职具有无可争议的统治地位，也就没办法像日本的幕府将军那样开创幕府政治。汉朝中央的高度集权本来就是用暴力剥夺其他人的权力来达成的，曹操只有谋朝篡位才能把权位传之子孙，不然一旦子孙从相位上退下来，家族必然遭到权力被剥夺的人们的清算。所以赤壁之战后，曹操开始致力于“做家门”，想要布局取代汉朝。

曹操在内部展开一轮又一轮的清洗，军事上却没多少作为，仅仅从马超、韩遂手上夺取了关中，面对孙刘则采取守势。而孙刘也趁曹操清洗内部、战略收缩的机会拼命拓地，刘备开始攻略益州，孙权开始攻略交州，其统治基础日益稳固。天下三分，战乱不休，这严重违背了荀彧的志向。对于汉室中的刘家人，荀彧并不在意，但汉朝的名分是曹操统一天下、更新政治的重要保障，曹操试图篡汉，说明他不再以统一天下、拯救乱世为己任，他违背了年轻时的初衷，也违背了与荀彧共事的基础，荀彧因此与曹操渐行渐远。

造成二人决裂的是伏完谋杀曹操一案。按《献帝春秋》的记载，董承以汉献帝的名义谋杀曹操，事泄后全家被灭，其女为汉献帝贵妃，已怀有汉献帝的孩子，汉献帝亲自求情亦不能幸免。伏皇后因此惊惧，给父亲伏完写信述说曹操的凶残，要伏完想办法铲除曹操。伏完打算以这封书信为信物，联络同道，先找上了荀彧，荀彧当然不能容忍汉献帝杀掉国之柱石曹操，自然不答应。但他愿意做这个尚书令，本意就是要协调汉室与曹操的关系，将汉室的名义和曹操的才能联合起来，拯救天下，所以他也不想刺激曹操废掉汉室，就把这事给瞒了。哪知道伏完又把书信给妻弟樊普看，他以为南阳樊氏作为东汉外戚世家一定会站在汉室这边，孰料樊普是个猥琐男，转脸就把伏完的书信举报给曹操，曹操就有了防备。

可能是气氛的诡异让荀彧觉察到了什么，为了更好地协调汉室与曹操的关系，他决定主动向曹操举报，先劝曹操把女儿嫁给汉献帝，曹操说伏皇后怎么办，荀彧就说出了伏皇后给伏完写信的事，建议废掉伏后。曹操问你之前怎么不说，荀彧谎称已经说过了，曹操说这又不是小事，你要是说过我怎么会忘记，荀彧见露馅了，就分辩说当时正打官渡之战，我怕你分心才没说，曹操又问那官渡之战打完这么久了怎么不说？荀彧就没话说了。这事之后曹操虽然表面上对荀彧没什么差别，但心里已经给他挂了号。等到曹操谋朝篡位的准备进入新阶段——建立魏国，就任魏公，接受汉朝曾经赐过王莽的九锡时，一方面用魏国的官署完全取代汉朝朝廷之权，一方面也可将魏公之位传给子孙，将刘家的权力揽入曹家而不是建立更好的君相体制，其篡位之意已经昭然若揭。荀彧反对失败，还想进行最后一次努力，跑到曹操所在的寿春前线劳军，想跟曹操面谈，但曹操只是行了个礼就让他走了，不给他开口说话的机会，后来可能还暗示让荀彧去杀伏皇后以表忠心。这种事荀彧不但不会去干，而且提出来都是对他的侮辱，曹操还送来空食盒，暗示他不要再吃饭了，荀彧心灰意冷之下只能自杀。曹操深知荀彧这样的高贵人物是任何条件都无法收买的，所以一旦发现荀彧跟自己不同心，就有了杀他的意思，最后果然把他逼死了。荀彧对曹操的再造之功只不过换来一个体面的死法和家族的安全而已。

然而，曹操即魏公、魏王之位前后，连番清洗内部的同时，外部却陷入极大的被动。刘备、孙权大举进攻，刘备逼得曹操吐出了刚到手还没捂热乎的汉中；关羽发动襄樊战役，水淹七军，威震华夏，逼得曹操差点迁都；孙权亦曾率十万大军围攻合肥，若非张辽军略超群，以寡兵威震逍遥津，击退孙权，曹操只怕要丢失淮南，后果将会十分严重。

曹操的谋朝篡位之举使他在西、中、东三条战线上全面吃紧，甚至一度考虑迁都邺城。直到曹丕、曹睿时代，曹魏依然以防守为主，无力大举进攻吴、蜀，曹睿甚至因曹丕“东置合肥，南守襄阳，西固祁山”防守策略的成功而沾沾自喜，可见篡汉使曹操的大义名分缺失，带来的震荡是何等严重。因为曹操、曹丕的家门之私，华夏大地凭空多了几十年的战乱，这种局面，是荀彧绝对不愿意看见，也绝对不能容忍的。

所以，荀彧既不是汉室忠臣，也不是曹操党羽，他的志向是拯救天下。汉室的名分有助于拯救天下，所以他扶持汉室；曹操的能力有助于拯救天下，所以他辅佐曹操。汉室要杀曹操，他不能同意；曹操要篡汉朝，他也不能同意。所以他的悲剧结局几乎是注定的。他虽然不能算纯粹的汉朝忠臣，却不愧为志存天下的仁人君子。所以死后数十年，他仍被后人怀念，司马懿就曾说：

吾自耳目所从闻见，逮百数十年间，贤才未有及荀令君者也。

后人对荀彧的为人处世颇多议论，有时各执一端，其实都是因为没有看到荀彧或者说汉末士人思想的复杂性，所以其议论往往难以自洽。

如唐代大诗人杜牧评价荀彧：

荀文若为操画策取兖州，比之高、光不弃关中、河内；官渡不令还许，比之楚、汉成皋。……及事就功毕，欲邀名于汉代，委身之道，可以为忠乎？

因为荀彧的目的是拯救天下，对汉朝并不怎么真心尊敬，甚至一度还跟汉朝为敌，所以在私人场合说一些僭越的话，比如把曹操比作汉高祖、汉光武帝，面对曹操“吾之子房”（比荀彧为张良，自居汉高祖）的评价安之若素之类，跟他的处事逻辑并不矛盾，并不能证明他就支持曹操篡汉了。

北宋名臣、史学家司马光在《资治通鉴》里反驳杜牧：

汉末大乱，群生涂炭，自非高世之才不能济也。然则荀彧舍魏武将谁事哉！……建安之初，四海荡覆，尺土一民，皆非汉有。荀彧佐魏武而兴之，举贤用能，训卒厉兵，决机发策，征伐四克，遂能以弱为强，化乱为治，十分天下而有其八，其功岂在管仲之后乎！管仲不死子纠而荀彧死汉室，其仁复居管仲之先矣！

这是把荀彧拯救天下的志向等同于忠心汉室了。实际上两者可以分开，荀彧在拯救天下的同时不一定要忠于汉室，把荀令君这样的旷世奇才视为愚忠于刘氏一家一姓的家奴式庸臣，实际上是对荀彧的矮化和庸俗化。

相比之下，还是我们湘中王船山（王夫之）先生持论折中：

荀彧拒董昭九锡之议，为曹操所恨，饮药而卒，司马温公许之以忠，过矣。乃论者讥其为操谋篡，而以正论自诡，又岂持平之论哉？……夫九锡之议兴，而刘氏之宗社已沦。当斯时也，苟非良心之牿亡已尽者，未有不恻然者也。彧亦天良之未泯，发之不禁耳，故虽知死亡之在眉睫，而不能自已。

可惜对于荀彧反对曹操即位魏公的原因，分析上太倾向于道德，对荀彧整体的人生轨迹和汉末士风的变化有所忽视。

汉晋之间的士风转轨

无论如何，在强权的威胁之下，荀彧敢于挺身而出，对权势者说不，无愧于士人风骨，无愧于贤士之名，也无愧于人杰辈出的颍川荀氏。而荀彧之死，也象征着汉晋之间的士风转轨继党锢之祸后进入第二步。颍川荀氏到荀彧这一代，虽然秉持的不再是纯粹的儒家经学，但仍然受到儒家强烈的社会责任感和杀身成仁、舍生取义精神的影响。但是当荀彧、孔融、崔琰这一批敢于坚持理想的士人因为理想而死后，士风就转变为容身保位，追求个人逍遥，而两汉经学也随之彻底崩塌。士人们开始去寻找那种并非天意与人事一一对应的新的宇宙规律，魏晋玄学开始生根发芽，人性解放成为潮流，注重个人和家族利益胜过对国家和社会的责任感，而这一变化从荀彧子孙身上就体现了出来。

颍川荀氏的子孙从荀彧的灾难里学乖了，荀彧的第六子荀顗在曹魏后期就党附掌权的司马氏，毫无骨鲠之风。当司马昭的党羽贾充、成济刺杀曹魏皇帝曹髦时，同与司马家交好的颍川陈氏的陈泰表现出不合作的态度，荀顗作为陈泰的舅舅，却乖乖地为司马氏站台，还被司马昭派去叫陈泰到场，致使陈泰发出“舅不如泰”的喟叹。不过对于本家族而言，荀顗的做法明显更加有利，陈泰因为这次不合作的态度，其子孙的仕途受到司马氏打压，颍川陈氏日渐衰落，最后跌出一流名族的行列，而荀氏则因为党附司马氏获得丰厚的回报。

荀彧的堂侄孙荀勖（荀爽曾孙）就当上了司马昭的记室，跟裴秀、羊祜共掌机密，在杀曹髦、灭蜀汉、平钟会等大事中进献了不少谋略。司马炎代魏建晋后，荀勖又当上了与皇帝亲近的侍中、中书监之职，他虽然才华高绝，曾经与贾充一起修订《晋律》，又是当世音乐大家、绘画大家，但在政治上与贾充、冯紞结成奸臣三人组，在西晋初年发挥了非常不好的作用。荀彧的一个孙子荀恺更是晋初著名奸臣，各种丢份的事层出不穷，还喜欢陷害人，风评极低。

颍川荀氏的子孙，稍好一些的也不过如荀彧的幼子荀粲那样，专注于个人事务，热衷于玄学探讨，在玄学理论上做出贡献。后来荀粲因为貌美的妻子病逝，伤痛过度，英年早逝，在行为上也为玄学提供了范本，却不再有一丝其父的风采。与荀粲同为贵公子的夏侯玄（夏侯尚之子）、何晏（何进之孙）、王弼（王粲堂侄孙）等人，在超然的宴乐之中促成了玄学的诞生，魏晋士人援引道家思想解释儒学，脱出了带有神学性质的两汉经学，创立了哲学更加精深的玄学，开始关注政治以外的领域，开启了魏晋南北朝光辉璀璨的文化跃升的进程。但汉代重视骨鲠、讲求经世的士风也荡然无存，对一路衰败的政治再难匡正。

汉晋之间士风转轨的第三步则由八王之乱来完成。西晋初年司马炎大封诸王并给予地方统军实权，使得身后司马氏皇室爆发了有史以来最为惨烈的自相残杀。在司马家王爷们你方杀罢我登场的大戏中，颍川荀氏厉行明哲保身之道，多方讨好，竟然在八王之乱中活了下来。即便在八王之乱的胜利者东海王司马越那里，要活下来也并不轻松。司马越掌控皇权之后，天下已经大乱，为了表示励精图治，他起用与自己友善的名士缪播、缪胤兄弟主导朝廷政事。然而当缪氏兄弟真正想大刀阔斧干一番事业时，担心权位受损的司马越又将缪氏兄弟及一帮名士残忍杀害。之后与司马越合作的名士王衍等人害怕司马越的屠刀，在国事上不敢有任何大的改动，每日只清谈度日，混吃等死。西晋统治集团就在司马越的残暴和王衍的不作为之下迎来了匈奴人刘聪和羯人石勒的绝种性屠杀。荀勖之子荀藩、荀组当时也是王衍集团中的一员，只不过他们运气比较好逃掉了，还利用大臣的身份拥护琅琊王司马睿（日后东晋的开国皇帝晋元帝）为盟主。荀藩虽然不久病死，但荀组在东晋得以继续担任高官。

进入东晋以后，因为士族门阀政治成型，来自绝对性皇权的高压不再，颍川荀氏子弟也像当时顶级的士族门阀一样礼玄双修，在注重个人生命体验的同时，也注重社会的秩序和法则，部分重现了荀彧那一代人的风采。东晋初年琅琊王氏的王敦、王导掌握实际政权，荀藩的儿子荀邃在权势滔天的大将军王敦和兵精将勇的“流民帅”苏峻攻陷京城的叛乱中表现出一定的气节。荀组的儿子荀奕在“元会日皇帝是否应该叩拜王导”的问题上，不怕得罪如日中天的王导，予以反对。荀彧的玄孙荀崧为东晋防守长江北岸，曾派部将石览入洛阳修复西晋帝陵，又在与巨寇杜曾的战斗中坚持到底。

荀崧的三个儿女也都有骄人之处。长子荀蕤不怕得罪刚刚消灭成汉、声势熏天的桓温，阻止了朝廷将豫章郡封给桓温的想法；次子荀羡七岁时遭遇苏峻之乱，得到苏峻的喜爱，当时就想借机刺杀苏峻，后来二十七八岁时就担任东晋的徐州刺史，是整个东晋当上刺史的最年轻的青年才俊，在与前燕慕容氏的战争中，荀羡屡立战功，可惜三十八岁时英年早逝；女儿荀灌就是中国历史上有名的女英雄荀灌娘，当荀崧被能穿着铠甲游泳的巨寇杜曾围困在宛城，即将弹尽粮绝之时，年方十三岁的荀灌带几十名勇士出城求援，与追兵且战且走，最终成功突围，请到东晋名将周访的援军，击退杜曾，保全了宛城，“荀灌救父”的故事也得到千古传诵。

同时颍川荀氏也像其他士族一样开枝散叶。荀勖之孙荀绰（荀勖次子荀辑之子）博学有才能，在西晋灭亡的大潮中被羯人石勒俘获，做了石勒的参军，后来石勒建立后赵，荀绰为后赵制定朝仪，做到后赵的三公司徒的高位。荀绰与汉晋巨族范阳卢氏的卢谌、清河崔氏的崔悦、河东裴氏的裴宪、北地傅氏的傅畅一样，出仕与南方东晋对峙的北方胡人政权（五胡十六国），为荀氏在北方留下了一脉。只是荀绰一支人丁不旺，没有像其他士族那样在北方发展起来。东晋十六国和南北朝，一族之人在南北政权中都出任高官的事屡见不鲜，荀崧一支与荀绰一支也不过是这种情况的写照而已。

颍川荀氏同样经历了魏晋南北朝常见的士族门第的升降。荀羡三十八岁英年早逝使得颍川荀氏出现人才断层，日渐没落。荀羡之孙荀伯子更是因为喜欢搞笑、无厘头，虽然自己混得还行，但被取消了士族资格，子孙不再有优先任官权。荀伯子面对荀氏日益衰退的局面，不思振作，反而以门第自矜，到处去找人麻烦，显示出破落贵族的气质。他质疑西晋时颍川陈氏的陈准党附帮赵王司马伦篡位的奸人孙秀，建议取消陈准后人的爵位；又质疑河东卫氏的卫瓘功劳不大，子孙不应继承郡公爵位，应该削为县公，遭到陈氏和卫氏后人的一致反击。荀伯子还认为只有琅琊王氏的王弘门第能与颍川荀氏相比，哪怕陈郡谢氏从谢安以来就是顶级士族，东晋末年谢晦与王弘同为即将篡位的刘裕的心腹，谢晦还是荀伯子的妻弟，荀伯子也认为陈郡谢氏的门第不值一提。只有即将衰落的国家、阶层和家族才会格外强调祖宗的显赫，就像东晋的士族门阀进入南朝以后实际上已经开始衰落，这时他们才特别强调阶层的优越性和婚姻的门当户对，造成“士庶之际，实自天隔”的局面，荀伯子也是一样的心态，也正是这种心态造成了颍川荀氏受到其他大族的一致排挤，被取消了士族资格，走向了快速衰落之路。

到南朝齐的时代，效力于萧道成的荀氏后人荀伯玉已经完全是武官、佞幸的风格，身上毫无士族风尚，颍川荀氏已经完全退出了士族的行列。颍川荀氏从荀淑发端，到荀彧崛起，到荀勖弄权，到荀羡衰落，完全可以视为士族历史的一个缩影。颍川荀氏虽然不像清河崔氏那样从东汉后期坚挺到唐朝末年，经历了士族兴衰的全部过程，但该有的“生老病死”环节也都有，而汉末三国无疑是士族政治成型的关键时期，荀彧也是士族政治成型的关键人物。

鲁肃

{柒}

武力豪族所能达到的最高点

在《三国演义》里，鲁肃是一个政治暖男的形象。从联刘抗曹开始就被诸葛亮一路当猴耍，又被周瑜当跟班呼之即来挥之即去，虽然一直在大家眼前晃来晃去，但存在感实在是弱得不行，单刀赴会时还被关羽玩弄，最后去世时是管辂占卜得知，都没有露把脸的机会。这样一个人物真难说是喜剧人物还是悲剧人物，总之是憋屈无比。

然而在真实的历史上，鲁肃的形象与演义中判若两人。他本身是一代豪侠，文武双全，赤壁之战前主动促成孙刘联盟，诸葛亮在其中也不过是陪衬；跟周瑜是知音、是兄弟，深受周瑜敬重；单刀赴会是鲁肃说得关羽哑口无言而不是相反。这一切的一切，都显示着真实的鲁肃跟《三国演义》中那货简直是两个人。

为什么会这样？一方面是《三国演义》为了凸显诸葛亮的神奇，需要一个陪衬的角色，根据情节就派给了鲁肃，另一方面也是《三国演义》的作者对汉末的社会结构不甚熟悉，不知道武力豪族的进化路线和演变脉络，以为有文化的人必然手无缚鸡之力。

“凡品”背后的奥秘

《三国演义》中鲁肃那不多的存在感，基本集中在赤壁之战前力主抗曹一事上。曹操席卷荆州，准备攻打东吴，东吴文臣一律主降，武将一律主战，身为文官的鲁肃却也主战，显得十分与众不同。不过，鲁肃为什么要跟他的文官同僚唱反调，一力主战，《三国演义》却没说明白。这是因为《三国演义》是一本文学书，并不打算详细分析历史事件的成因，甚至会为了文学效果而篡改史实。而在真实的历史上，曹丕篡位后，东吴使臣赵咨的一番话，道明了个中原因，及其背后的深厚背景。

当时刘备为关羽报仇，率大军伐吴，孙权为免两面受敌，向曹丕称臣。而曹丕这时刚刚篡汉，自信不足，急需重量级人物来站台，于是双方一拍即合，曹丕为此甚至放弃了趁势消灭东吴的利好。这时东吴赵咨出使魏国，正事办妥后，曹丕胸中的八卦之火熊熊燃起，同时也为了考较一下使者，问道：孙权是什么样的主公？（吴王乃何如主也？）赵咨也不含糊，说孙权是“聪明、仁智、雄略之主”，并且详细说明了一番：

吴侯纳鲁肃于凡品，是其聪也；拔吕蒙于行阵，是其明也；获于禁而不害，是其仁也；取荆州兵不血刃，是其智也；据三江虎视天下，是其雄也；屈身于陛下，是其略也。

“凡品”这个词，真的道尽了汉末三国许多事件背后的奥秘，是那个时代的关键词，显示的是东汉豪族政治的演变终局。鲁肃正是豪族的一员，而豪族里面又分三六九等，上等的是儒学士族，中等的鲁肃这种就只能是“凡品”了，当然“凡品”比下等的没见过世面的土豪劣绅又要强一些。要弄清楚豪族政治的这些门道，必须先回溯一下豪族的发展史。

战国时代，山东六国的社会是很活跃的，原来社会固有的阶层藩篱被打破之后，社会重组的力量汹涌澎湃，推动了社会的多元化，各种职业都得到发展空间，家声不坠的贵族、心灵手巧的工匠、嗅觉灵敏的商人、持家有方的农民、孔武有力的游侠，都是具有一定财富、地位的社会中坚力量，是最早的豪族，社会在多种成分的交织下显得异彩纷呈，活力四射。但是与此相对的，僻处西陲的秦国却实现了按政府意愿规划的社会，居民不是打仗，就是种地给打仗提供粮食。秦国理论上不需要这两种人以外的人，秦国的社会就像一台机器，效率极高却全无活力，而正是这样“心无杂念”的国家能够在兼并战争中胜出，统一中国。秦国一旦统一，就要把所有人平均化，不是平均富裕而是平均贫穷，因为按照秦政设计者商鞅的说法，人民穷才愿意被国家驱使，富了国家就驱使不动了。这下社会中层倒了血霉，在秦王朝的屠杀和强制迁徙下，许多豪族破产、死亡，社会正在朝秦朝构想的方向滑落。

好在这样的王朝只存在了十几年就被全社会愤怒地推翻了。汉朝虽然全盘继承了秦朝法令，但是汉初并没认真执行，反而刻意减轻政府的存在感，虽然仍会把家产在某个数量以上的豪族迁往关中监视居住，但对社会的控制与秦朝不可同日而语。于是诸多豪族如雨后春笋一般冒了出来，与原来幸存的豪族一起，在政府控制之外，形成了强大的豪族阶层。只是好景不长，汉武帝上台后对豪族进行了比秦朝更凶猛的打击。汉武帝的目的是取消豪族对政权说不的权力，不论政权是好是坏都不可以，对豪族一边杀还一边驯化，只要肯做国家的官就任你贪腐，游离于政权之外就满门杀绝。在酷吏政治的腥风血雨之下，不服的豪族基本全灭，剩下的乖乖地来做国家的官，伺候皇帝。但很快，进入国家政权的豪族尝到了甜头，有了权比在野时强多了，经过秦汉高度集权的体制对社会的塑形，有权是一切事业的前提，这些豪族很快就利用在朝堂上的权力逼迫汉元帝放弃了迁豪等打击豪族的政策。豪族从此逞几何级数发展，到东汉成了国家政治的主角，甚至东汉王朝都是他们帮汉光武帝刘秀建立的。

也正是从汉武帝时期开始，儒学开始成为官方意识形态。所谓“罢黜百家，独尊儒术”的说法其实不准确，汉武帝并没有禁止诸子百家的言论，只是从官方设立的博士官里去除了儒家以外的内容，只保留了儒家博士，并且规定博士弟子有机会当官而已。不过随着汉武帝打造的官本位社会逐渐成型，权力在社会上的重要性胜过一切，民间对能够当官的儒家趋之若鹜。另外，儒家在被官方尊崇以前本来就是显学，孔子、孟子在民间的声望一向崇高，民间对儒学有广泛的认同基础。两个因素合起来，儒学在社会上的影响就迅速扩散，成了主流世界观。当然，政策对社会的影响总是滞后于对政治的影响，汉武帝独尊儒术后经过上百年，直到东汉，儒学才获得社会上多数人的认同。

儒学既然已经取得思想界的统治地位，儒学水平的高低和践行儒学价值观的力度就成为评价一个人的重要标准。儒学本身是讲究克己复礼的，自我比较克制的人总是能够更好地处理亲戚和邻里关系；儒学又是主张民本主义的，同情平民的人能够团结平民对抗土豪劣绅的压迫，甚至土豪劣绅勾结了官府他们也不怕。所以信奉儒学的人在家乡一般会有很高的声誉，当汹涌的民意倒逼政府的选官系统的时候，儒学水平和家乡声誉就成了选官的新标准，而这两者在某种程度上是重合的。选官的新标准使得地方豪族也有不少信奉了儒学，妥善地处理家族关系，跟以东汉政府为首的黑恶势力作斗争，全社会显示出一种向善的风气。到东汉中后期，许多儒学有成的人做到了高官，出现了像汝南袁氏、弘农杨氏那样四世三公的高门士族。在他们之间还产生了名士认证系统，由知名士人品评人物，比如品这个是“天下俊秀”，品那个是“天下楷模”，得到好的品题即“高品”的人就成为名士，往往身价暴涨，立取高官，儒学名士对政治的影响越来越大。

而没有及时转型儒学的武力豪族就比较尴尬了，上面说的品题活动一般只在士大夫圈子里玩，武力豪族一般是没什么人去品的，所以他们相对于“高品”来说，就是“凡品”，至于平头老百姓，那更是连品都没有。武力豪族是豪族的初始形态，很多发家了的人都用金钱的力量聚集起本宗族的人员和来投奔的宾客、奴仆，形成地方上土生土长的力量。这些人又分为土豪劣绅和豪侠之士，土豪劣绅凭借武力横行乡里，有时候平民团结在有勇气的人周围跟他们对抗，他们不能取胜，就贿赂官府（主要是贿赂宦官在地方的亲党），利用官府的力量来压制反抗。这些人就是汉末所谓的“浊流”，名声奇差无比，即便在汉末乱世中浑水摸鱼，占了块地盘，也会因为缺乏对人才的吸引力而毫无前途，很快就会被人干掉，比如泾县大帅祖郎、巢湖水寇郑宝之类。另一种豪侠之士跟土豪劣绅做法相反，他们未必研究过儒家经学，但是有基本的正义感，所作所为跟儒学名士大同小异。灾荒之年他们也会赈济宗族，收留走投无路的人做自己的宾客、僮仆，帮这些人躲避国家的苛政。他们也会团结乡民跟土豪劣绅针锋相对，有时候他们也会得到儒学名士的品题，只不过机会较少而且越往后越少。为了仕宦他们也会读书，向文化士族的方向转型。只是两汉的儒家经学十分烦琐，解释“曰若稽古”四个字就能解释几万字，要学习这种经学，一方面要有超强的悟性和记忆力，一方面也必须有名师指点，两样一样也少不了。所以能够儒学有成的毕竟是少数。大部分有心读书的武力豪族刚转型时会先读有助于实际政治的兵法、历史方面的书籍，等到家族有一定学术积累后再去学习儒家经典。这样的武力豪族，地位处于儒学士族和土豪劣绅之间，与两者都有相似的一面，用“凡品”来形容再合适不过——有品第，但品第不高。而鲁肃就是一个“凡品”的武力豪族。

土豪的世界你不懂

鲁肃出生在临淮东城（今安徽定远），属于淮河流域。汉末豪族发达程度、文化程度是跟地域相匹配的，当时最发达的是关中和中原，江淮流域属于较偏远落后的地区，儒学覆盖程度不算高。鲁肃家里虽然非常有钱，但在儒学上也没什么成就，也就没什么人来品他，所以社会地位不算多高。鲁肃身材高大，也跟其他土豪一样，击剑骑射，招揽宾客，后来看见天下将乱，就在山中隐秘地讲习兵法，把这些宾客当部队训练。这样的所作所为，跟造反前的项梁、项羽一模一样，又怎么会是个手无缚鸡之力的文士呢！

乱世之中，很多人能生存下来也多亏这样的豪族。汉武帝几十年的暴政弄得“天下户口减半”，并不是人真死了一半，而是很多人脱离了国家的控制，投靠豪族去了。豪族虽然从他们身上收的田租比国家定的租税要高不少，但能保证确实就收这么多，相比于国家因为吏治腐败而层层加码收的钱可能还要少些。除此之外还能帮他们逃脱政治腐败时无休止的徭役和兵役，那才是真要人命的东西。到了战乱之世，由豪族牵头，组建坞堡，聚集几百几千的宗族和乡民固守，也能保全不少乡民免遭盗匪和乱兵的杀害，像许褚、李典都是这样的坞堡首领。所以说豪族是社会的中坚完全没问题，这也是为什么汉唐灭亡后汉族政权还能依靠地方豪族或藩镇的支持得以延续，而宋明灭亡后由于民间权力已经全部被国家收走，国家一旦崩溃地方上就再无有组织的抵抗力量，只能一溃千里，难以复兴了。

鲁肃的生活富裕、武艺高强，所以性格也十分豪爽、侠气。汉末乱世各郡县普遍饥荒，部队也经常乏粮，没东西吃的时候，河北袁绍的部队吃过桑葚，淮南袁术的部队吃过花蛤，刘备在徐州时部队连这些都没得吃就只能自己吃自己，人相食了，反而乡间的武力豪族因为组织乡民防御、生产，囤积了不少粮食。一次周瑜带部队路过鲁肃的家乡，粮食不足，听说鲁肃家富裕，就来找鲁肃借粮，这种借粮说是借但是还不还就不好说了，很多豪族不愿意借，有时候需要把豪族的坞堡打下来才能得到粮食。当时鲁肃家有两囷米，每囷三千斛（大概几万斤），鲁肃看周瑜很顺眼，直接送一囷给周瑜，把周瑜感动得不行，两个人当场定交，从此周瑜就成了鲁肃的后台，对鲁肃在东吴的发展有很大的帮助。

后来果然天下大乱，鲁肃因为淮河流域是战场，决定带宾客、家小避祸江东。这时因为战乱，人民锐减，人口成为各割据势力的宝贵资源，怎能轻易放走。州里派兵来追，鲁肃令部下拉弓搭箭，严阵以待，自己在阵前露了一手绝活立威：他把盾牌立在阵前，连连发箭，每一箭都把盾牌射穿，追兵一看鲁肃这么猛，屁都没放一个就回去了。这哪里还是文士，这都跟锦帆贼甘宁那样的猛男差不多了。

因为武力豪族的底色，鲁肃对其他的武力豪族也比较有好感，能说到一起去，比如对明显不能成事的巢湖郑宝也有一定认同，差点投入郑宝麾下。到了江东以后，因为孙策、孙权也是武力豪族出身，鲁肃跟他们都很谈得很来，大家很有共同语言。

比如在是否忠于汉朝的问题上，鲁肃就表现得很通达。东汉后期，各地的名士通过串联，在中原形成了全国性的名士俱乐部，由天下名士如太原郭林宗、汝南许子将等人来对各地知名人物进行名士认证，要得到这些人的好评才能成为名士。这些名士经历党锢之祸仍然不屈服于皇帝和宦官的淫威之下，得到民间的一致拥戴，所以从黄巾之乱爆发，汉灵帝解除党禁后，各地的名士就成了预备高官。也就是说汉朝的高官大部分从名士阶层里产生，像鲁肃这样的武力豪族顶多吃点残汤剩菜，对汉朝的忠诚度自然有限。所以鲁肃一见孙权，直接就说：

昔高帝区区欲尊事义帝而不获者，以项羽为害也。今之曹操，犹昔项羽，将军何由得为桓文乎？肃窃料之，汉室不可复兴，曹操不可卒除。

这句话的意思是，汉朝必亡，而且必亡于曹操，救是救不了的。当然孙权本来也没打算救，不过谈到国家大事的时候为了政治正确总要表现一下忧国忧民，鲁肃先把这一重伪装摘掉才好说实话。紧接着他又说：

为将军计，惟有鼎足江东，以观天下之衅。规模如此，亦自无嫌。何者？北方诚多务也。因其多务，剿除黄祖，进伐刘表，竟长江所极，据而有之，然后建号帝王以图天下，此高帝之业也。

这句话的意思，是建议孙权不如去打下长江以南，将来自己称帝好了，还拿汉朝的开国皇帝汉高祖刘邦来做对比。这就是有名的“榻上策”，鲁肃说出了孙权想说而不敢说的话。孙权虽然嘴上说自己“尽力一方”，是“冀以辅汉”，鲁肃“此言非所及也”，但从此将鲁肃引为知己，欣赏得不行。无独有偶，另一个出身巴蜀的武力豪族甘宁，一见孙权也是这个调调：

今汉祚日微，曹操弥憍，终为篡盗。南荆之地，山陵形便，江川流通，诚是国之西势也。宁已观刘表，虑既不远，儿子又劣，非能承业传基者也。至尊当早规之，不可后操。……一破（黄）祖军，鼓行而西，西据楚关，大势弥广，即可渐规巴蜀。

意思跟鲁肃一样，汉朝必亡，而且必亡于曹操，建议孙权打下包括巴蜀在内的整个长江以南，将来想怎么搞再说，因此甘宁也被欣赏得不行。

在豪侠这一点上，同为武力豪族的鲁肃跟甘宁是差不多的，他两人喜欢的是江湖上豪杰的勾当，对于恪守儒家礼仪的士大夫不太感冒，所以两个人对士大夫的代表张昭都不怎么礼貌。鲁肃对张昭不怎么谦虚，甘宁建议孙权攻打荆州的对策被张昭反对的时候还反唇相讥。当然，张昭对这两个人也不怎么看得上。

说了这么多，其实就是想说一点，鲁肃不是什么文官、儒生，而是一个土豪、大侠，他身边还站着甘宁以及老将程普、黄盖、韩当等一帮武力豪族（甚至是连武力豪族都不如的平民），这些人就是陈寅恪先生归纳的“淮泗军事集团”。这个集团以淮河、泗水流域的人为主干，有些人如甘宁虽然不是淮泗流域的人，但与淮泗武将抱团，也被视为这个集团的一分子。

吕思勉先生论及周瑜、鲁肃劝孙权抗曹，认为这是南方的一股傲狠之气不肯屈服，好乱行险而已，但为什么会有这股气，却语焉不详。其实周瑜虽然出自名族，堂祖父周景、堂叔周忠都做到过三公中的太尉，但他父亲周异这一支是名族里面的二流房支，周异只当到了洛阳令，跟司马懿的父亲司马防出身差不多，武力豪族的色彩还是有一些的。周瑜虽然在中原有点名声，但他儒学上没什么成就，最多勉强当个地方名士，想做海内名士是没指望的，所以在中原的前途相当有限。相比之下周瑜跟孙策是发小，与孙家关系极深，最好的选择自然还是把注下在孙权身上。鲁肃却纯粹是因为武力豪族的身份，对重视名士的汉朝不感冒，对汉朝的代表曹操也不感冒。

但士大夫不一样，士大夫既在汉朝的政治序列里面有优先仕官权，又从小受到儒家价值观的熏陶，对汉朝正统的认同度很高。孙家刚过江的时候，身份是伪帝袁术的部将，江东的士大夫抵抗得那叫一个惨烈，各家各户死伤惨重，被灭门绝户的也不在少数。虽然孙家后来拼命洗白，但再洗白也没法洗得像“挟天子以令诸侯”的曹操那样白。所以淮泗流域的士大夫如沛国刘馥、淮南刘晔早早地投靠了曹操，流寓江东的外地士大夫如华歆、王朗，也弃孙家如弊履，一找到机会就投奔曹操，江东本地的士大夫如“吴四姓”的顾陆朱张、“会稽四姓”的虞魏孔贺，那说不定是在盼着曹操来解放来的，就连深受孙家信任的张昭也抵御不了归汉的诱惑，因为降曹以后以他天下名士的级别可以轻松地当上三公九卿之类的高官，于是大家一力敦促孙权降曹。曹操对这点心里也有数，所以派蒋干去劝降跟士大夫沾点边的周瑜，对鲁肃、甘宁这些武力豪族则完全没想法。

对鲁肃这些武力豪族来说，降曹就不是什么利好了。鲁肃追到厕所里对孙权说“我回去还能做下曹从事，将来能当州郡长官”，那是往自己脸上贴金，从这往后走就是九品中正制，士大夫垄断高官，武力豪族只能做些打下手的职位。按鲁肃的出身，当个武猛从事已经差不多到顶了，治中、别驾那些州里的高官基本上是没戏的，还不如在孙权这里搏个高官显爵。孙权也是武力豪族，心里更是这么想，虽然像荆州刘琮那样投降曹操是能混个不错的待遇，锦衣玉食没问题，但终身受监视，权力更不要想，这是充分品尝了权力的美味的孙权不能接受的。不过他的想法没人支持，被士大夫们逼得说不出话。现在发现手下有一帮武力豪族跟自己想法差不多，底气顿生，再加上在军中威望崇高的周瑜也支持抗曹，孙权终于敢出一口恶气，对着士大夫们砍掉桌案一角，说再有言降曹者有如此案了。赤壁之战也就这样成了定局。

战胜之后，孙权带领诸将，以极高的规格迎接鲁肃，自己也下马等候，还问鲁肃：怎么样，规格够高，给你面子吧？鲁肃豪气顿生，说还不够，等你当了皇帝，用安车来迎接我，让我享受一下高级士大夫的待遇，那才有面子。称帝的目标终于不用时刻藏着掖着了，孙权也豪性大发，乐得不行。这叫英雄惜英雄，土豪识土豪。

不过，鲁肃如果只是这样一个凡事讲打的武力豪族，那跟甘宁他们就没啥区别了，跟文官的形象完全不沾边，《三国演义》为什么会把他写成一个文官呢？那是因为，他虽然不以儒学见长，但毕竟是读过书的人，识度过人，目光长远，在战略上不但敢打，还知道收。《射雕英雄传》里面洪七公教郭靖使亢龙有悔，说打出去一分力，得留着十分力，才能收放自如。能收比敢打更需要勇气，能克制住自己的勇气。

超越土豪的土豪

这就牵涉到另一桩公案借荆州了。赤壁之战后，周瑜与刘备合作，花一年多时间，艰难攻克南郡。刘备向孙权讨南郡，但江东没什么人理会他，唯有鲁肃劝孙权把南郡借给刘备，一起抗曹，这件事比较难以理解。而事后刘备夺益州、取汉中，有了自己的地盘，却怎么也不肯归还南郡，最后孙权只好自己去取，两边大打出手，费心费力。孙权后来跟陆逊聊天，也说“榻上对”和力主抗曹是鲁肃的大功，但借荆州给刘备，是他失策之处。这么看起来，鲁肃是出了一个昏招。

但这真未必是一个昏招，那时东吴的状况可并不怎么好。就在周瑜打南郡的同时，孙权在合肥铩羽而归，可见东吴的实力有限，何况南边还有几十万山越，时不时来犯个境杀个人，扩张过快的话，崩盘也不是没可能。更重要的是，鲁肃深知曹操占据中原菁华之地，战争潜力十分恐怖，唯有孙刘携手共进，才有战胜曹操的可能。让刘备承担荆州方面曹军的压力，东吴专心经营淮南，对东吴来说不失为一个稳妥的选择。刘备那边的诸葛亮也深明此理，所以赤壁之战前就跟鲁肃一起运作孙刘联盟，而在鲁肃死后，诸葛亮特意为他发哀，就是感觉此后孙刘联盟要维持不下去了。

事情的演变也一如鲁肃的预料，刘备夺取益州后，又攻克汉中，紧接着关羽围攻襄阳、樊城，水淹七军，威震华夏。曹操担心樊城陷落，几乎打算迁都邺城。曹操在孙刘的打击下，终于渐见颓势了。周瑜虽然一直想灭了刘备，攻略巴蜀汉中，与曹操平分天下，跟鲁肃的想法不一样，但临终时却推荐鲁肃接替自己。这说明他承认鲁肃的方针至少也是一种选择，自己死后，东吴走这条路也不是不可以。鲁肃对自己的眼光也比较自信，所以面对吕蒙这样段位较低的武力豪族，容易豪情满满，自信过度。不料吕蒙在孙权劝学后也勤修苦练，读了很多书，慢慢地跟了上来，虽然离鲁肃还有差距，但也时不时地刺鲁肃一下，比如“士别三日，当刮目相待”之类。可见鲁肃作为一个高瞻远瞩、雄才远略的武力豪族，跟一般的武力豪族在认识上已经有了代差。

但是，鲁肃这种豪侠的性子，能料大势，却料不了细节。他并不能料到孙权折腾那么多年，连个合肥城都攻不下，设想的淮南攻略彻底破产。鲁肃又是一个乔峰一样光明磊落的豪侠，对鬼蜮伎俩不太在行，他也料不到刘备、关羽会在荆州问题上耍无赖，连诸葛亮都说不上话。鲁肃比东吴其他武力豪族站得高看得远，他也不会想到这些以前的同志们包括孙权在内，会不理解他、针对他。于是悲剧发生了，刘备夺益州后耍赖，孙权不能容忍，两军在荆州对峙，大战一触即发。鲁肃虽然单刀赴会，豪气干云地责备关羽，尽显豪侠风范，最终把事情摆平。但孙权的信任从此转移到吕蒙身上，鲁肃没什么出场机会了。

事实上在借荆州这事上东吴就算不偷袭关羽也没怎么吃亏。前期刘备帮东吴分担了曹家在荆州方向的压力，后来刘备入川确实是借了占领荆州的便利。但是当孙权摆出架势与刘备争荆州，孙刘率大军对垒于荆州前线，战争一触即发时，因曹操进攻汉中，刘备恐益州有失，与东吴谈和，将长沙、桂阳两郡交割给孙权。荆南四郡原本是赤壁之战后刘备打下的地盘，刘备用其中的两郡交换东吴借给他的南郡，虽然这两郡人口加起来也比南郡差些，但大体上也可以交代了。只是东吴当时在合肥一带连连受挫，哪怕通过战略优势聚集了十万大军也被张辽不足万人打得大败而归，北进战略因缺乏骑兵和江东士族不用命，实际上已经破产，这时要加强实力只能西进，夺取荆州有利于保障扬州上游，更好地防御江东，江东士族也愿意出力，而且攻打水网密布的荆州，水军的角色也更重要，成功率远大于北进。刘备的诓骗、关羽的骄横导致了孙权的愤怒、吕蒙的仇视，这促使东吴的战略越来越转向“西进”。吴蜀双方最有远见的外交家鲁肃、诸葛亮为了大局只能竭力弥缝。

两年之后，鲁肃病故。东吴随即战略转向，终于袭取荆州，斩杀关羽，与刘备决裂。刘备为了夺回荆州和报关羽之仇，用压箱底的精锐发动夷陵之战，结果惨败而归，元气大伤，东吴的损失也不小。孙刘内耗掉了大量实力，此后虽然恢复联盟，但已经有了隔阂，不能像当初那样通力合作，终于被占据中原的魏、晋逐一消灭。

王船山先生读《资治通鉴》至此，论曰：

欲合孙氏于昭烈以共图中原者，鲁肃也；欲合昭烈于孙氏以共拒曹操者，诸葛孔明也；二子者守之终身而不易。子敬以借荆资先主，被仲谋之责而不辞；诸葛欲谏先主之东伐，难于尽谏，而叹法正之死。盖吴则周瑜、吕蒙乱子敬之谋，蜀则关羽、张飞破诸葛之策，使相信之主未免相疑。……其不内溃以折入于曹操也不能。则鲁、葛定交合力以与操争存亡，一时之大计无有出于此者。

将鲁肃与诸葛亮相提并论，评价极高。鲁肃不但外交才能与诸葛亮差相仿佛，军事才能也不差，少年时挡追兵的时候就有所表现，后来又能得到周瑜肯定，守夏口时“威恩大行”，只是前期没多少仗可打，后期孙权又主要靠吕蒙指挥，所以没太多表现机会。但就其经历看，与同出于武力豪族的甘宁等人应该差相仿佛，否则周瑜跟鲁肃虽有私恩，若是鲁肃能力不足的话，周瑜也不至于因私废公，举荐鲁肃接替自己。

武力豪族的历史归宿

身为豪侠而又超越了豪侠，超越了豪侠却依然豪侠，智勇兼备，文武双全，战略眼光上尤其无人能及，这就是鲁肃的一生，与好人卡专业户、政治暖男、白痴之类的形象基本上没什么关系。鲁肃的遗腹子鲁淑，在东吴末代皇帝孙皓时代曾经统帅十万大军打到过豫州境内，这是孙权想办而没办成的事，也给鲁肃的豪侠生涯添上了一个耀眼的收尾。

鲁肃这样追求上进、勤于读书的武力豪族，到子孙这一辈没有转型儒学，没能在即将到来的两晋南北朝取得士族资格，是一个遗憾。从曹丕颁布九品中正制开始，规定由汉末的名士阶层出任中正官，决定哪些人有当官资格，名士阶层在选官上的发言权大增。司马懿谋求篡权的时候，对九品中正制进行了修改，使得这一制度劣化，他把原来按家乡舆论任命的中正官，改为由中央任命，专门拿来任命一些党附自己的人士，而这些中正因为不用家乡舆论推举，在家乡选官时就不再顾及乡里舆论，专门选跟自己友好的家族的子弟为官，等到对方家族当上中正官后，又反过来投桃报李，选恩主的家族子弟为官，一来二去，若干家族就把持了高位，形成了“上品无寒门，下品无势族”的局面，高官子弟也形成了正式的士族阶层。

这个士族阶层有很强的自我认同的需求，在不同的时期，他们一般会在某种特有的文化上取得很高的成就，作为士族阶层的标签。其他人就算凭借军功、政绩当上了高官，如果不能精通这种士族专有文化，也进入不了士族的圈子，自己的子孙也就不能像士族那样拥有仕官优先权。士族专有文化，在汉末魏初是儒家经学；儒家经学因汉末的多次翻天覆地的变故而逐渐破产后，士族专有文化转变为新兴的玄学；当佛教传播到东晋以后，佛学这种与玄学有一定共同点，但理论博大精深远胜于玄学的新学问征服了南渡衣冠，士族专有文化又转变为佛学；到了南朝，随着文学的自我觉醒，雕章琢句非常适合清闲无事的文化贵族在沙龙里交流，士族专有文化又转变为文学。如果在魏晋不能精通儒家经学、在西晋不能精通玄学、在东晋不能精通佛学、在南朝不能精通文学，那么纵然功高盖世，纵然权势熏天，也进入不了士族阶层。

不能进入士族阶层的武力豪族，在魏晋的地位是一直下降的，其命运越来越被士族掌握。首先，士族政治兴起后，大的军事行动一般会委任士族担任主帅，武力豪族就是再能打也只能担任副将或者先锋。其次，士族对武力豪族拥有生杀予夺之权，有时甚至可以因为私愤将武力豪族杀死、罢免，如士族司马懿因为恼恨武力豪族张郃在上邽之战中不给自己面子，明知诸葛亮退兵时会预设埋伏，依然强令张郃追击，导致张郃被飞箭射死；又如士族王浑与武力豪族王濬争灭吴之功的大小，王濬的功劳明显更大，负责裁定的士族刘颂却偏袒王浑，王濬闹到晋武帝那里才得到公道，但此后王濬害怕王浑报复，出门一直带很多士兵自卫；东晋初年，有蛮族色彩的武力豪族陶侃在平定张昌、杜弢、杜曾等叛乱中崭露头角，威震一时，士族王敦猜忌陶侃，一度想杀了陶侃，最后因为考虑到大局才作罢，但他真要杀陶侃的话，即便陶侃功勋卓著，也是完全能办到的。

到东晋后期，氐族建立的前秦统一了北方，有消灭东晋之意。为了抵御强敌，东晋用江淮流民组建了北府军。当时士族对军事的鄙视日益加重，不愿意再担任与军事相关的官职，北府军作为一个武人集团逐渐掌握了东晋政权，其首领刘裕最终篡夺了东晋的皇位，建立了南朝的第一个王朝刘宋。之后萧道成用青徐流民建立了齐朝，萧衍用荆州流民建立了梁朝，陈霸先用岭南越人建立了陈朝。南朝宋、齐、梁、陈可以说都是武力豪族建立的王朝。虽然士族的社会地位依然不可动摇，但实权已经被武人皇帝和他们信任的寒门商人、武人臣僚掌握，士族对武力豪族虽然仍有地位上的优越感，但已经不能生杀予夺。

在北方胡人建立的北朝，虽然也颁布过类似士族政治的制度，但是武力雄强的部落首领在政权中始终占有重要位置，由武力豪族建立的关陇集团对北周、隋、唐政治影响尤其巨大。以关陇集团为核心力量的北周和隋朝，消灭了东方的北齐与南方的陈朝，实现了西晋以降中国两百多年来的第一次统一，武力豪族重新对文化士族取得优势，并且在尚武的大唐王朝取得了宾服四夷的奇迹。

{捌}

陆逊

南方士族的巅峰，从开始就结束

陆逊是三国时代东吴最杰出的名将，没有之一。因为东吴四大都督中的周瑜、鲁肃、吕蒙都没有活到真正意义上的“三国时代”（公元220年~280年），只有陆逊在真正的三国时代还活跃了25年，所以从他身上能够看出东吴建国前后的若干不同，而从这些不同里面又能体现东吴政权与生俱来的多种矛盾。

陆逊是吴郡四姓“顾陆朱张”之一陆氏的族长，他的一生见证了以吴郡四姓为代表的江东大族从武力豪族向文化士族转化的过程。陆逊本人既是精通儒学的经师，又是能征善战的名将，是南方士族中最出类拔萃的人物，他的身上体现出南方士族巅峰时代的精气神。

陆逊与孙权的纠葛，从他二十岁时（公元203年）开始，到他六十二岁去世时结束。两人长达四十年的恩怨情仇，主要体现了士族与寒门的矛盾，此外还有本地人与外地人的矛盾。而从这些矛盾里面，就可以抽出东吴史的脉络。而这两组矛盾不但在三国时代发挥作用，在之后的东晋和南朝，也是影响政治的重要因素，可以说这是贯穿六朝的两组矛盾。

南方士族的坎坷成长

陆逊出于世家大族吴郡陆氏，这是一支源远流长的大家族。吴郡陆氏的始祖陆烈，西汉初年担任吴县县令，子孙从此就居住在吴县，但是并没能马上成长为了不起的大族。

因为当时长江以南还是百越民族的土地，苏浙有吴越，浙南有瓯越，福建有闽越，广东有南越，湘赣有扬越，广西有西瓯，越南有骆越，大体上是风俗相近的族群。这些族群操与南岛语系有亲缘的语言，为了适应南方湿热气候，一般都断发文身（断发是为了凉快，文身是为了让海中蛟龙误以为自己是同类不来加害），跟中原华夏民族的风俗迥异。

华夏族虽然也有不少人迁居到江南，但因为力量有限，只能占据适合农耕的平原地带，山林里则是越族人的天下，他们时不时出来杀杀人、抢抢劫，华夏族的农民要耗费大量的时间跟他们斗智斗勇，财富积累自然会减慢不少。

另外，西汉从汉武帝以来，大部分时候对豪族的打击是残酷而血腥的，只要是力量强大的豪族，对朝廷稍有不服的全族诛灭；力量不那么强大的豪族，也在汉武帝诸般掠夺性的暴政里破产。在“雄才大略”的汉武帝时代，要做一个安静的美男子实在太难了。

汉武帝打击豪族，并不真是为了什么国家利益，他一方面要抢夺豪族的人口和土地给自己挥霍，另一方面则要毁灭他们的独立性，对豪族是一边杀一边还拿官位诱惑，只要肯低头，就让你做官，至于你做官贪不贪、酷不酷无所谓。

这种做法，等于是强行将豪族收编到官僚体系里面。豪族在经过最初的困惑和蒙圈儿以后，很快就发现这是一个天大的利好，手上有权比在家乡做土皇帝可惬意多了。经过几十年的发展，到西汉后期的汉元帝时期，豪族们通过朝堂上的势力，促使汉元帝停止了秦汉以来实行了上百年的迁豪政策。汉武帝强制收编的豪族这时开始发挥自己的力量，可以说汉武帝是挖坑埋自己。

所谓“迁豪”，就是把关东地区（函谷关以东）实力强大的豪族，强迫迁徙到国都长安附近居住，一般是居住在皇帝山陵附近的陵邑里，由朝廷监视，为皇帝守灵。这样关东地区的社会精英被拘束在关中，关东的社会力量就难以壮大，以关中为统治重心的西汉朝廷对关东就比较好管理和压榨。

但是以当时的交通状况和物质水平，豪族一大家子长途搬家，很可能就此败落了，就算不败落，也打乱了发展进程，延迟了家族的壮大。所以“迁豪”政策一停止，关东豪族就飞速发展起来，实力呈几何级数增长，很快就获得了影响政权的力量。

西汉末年，王莽之所以上位，是因为豪族对西汉朝廷的失望。而王莽上位以后又快速崩溃，则是因为他的新政大面积损害了豪族的利益。汉光武帝刘秀能够推翻新朝，建立东汉，也是因为南阳豪族与河北豪族的鼎力相助。两汉之交，豪族已经是社会上重要的力量，其意愿足以左右天下局势。

东汉朝廷是在豪族的扶持下建立的，对豪族不可能像西汉那样残酷迫害，另外豪族的实力已经十分强大，即便想打击迫害也办不到。东汉的开国君主汉光武帝颁布度田令，想要丈量天下土地，因为大面积触犯了豪族利益，最终也不得不草草收场，遑论其后代子孙。于是，豪族在东汉茁壮成长。

而且，随着东汉朝廷将儒学作为选官标准，以及儒学在社会上的广泛普及，大量豪族潜心于钻研儒学，其优渥的物质资源是学术有成的保证，而学问一旦有成，经学成就则又为豪族增添了一项教育资源。豪族们把学术中最精髓的部分传授给自己的下一代，形成了许多经学世家，这些经学世家依靠经学成就累世为官，实现了经济、政治、文化实力的三合一，从豪族演变为士族。士族中出现了“四世三公”的高门，对政治的发言权日益增大。

而吴郡陆氏也从西汉后期开始壮大，东汉初年，陆烈的十世孙陆闳担任了颍川太守这样二千石的高官，此后陆氏在仕途上开始显赫。陆闳之孙陆续担任了扬州别驾（治中、别驾是一州刺史最重要的属官），陆续之子陆稠担任广陵太守，陆稠之侄陆康则官至庐江太守、忠义将军，而陆逊就是陆康的侄孙。在家族实力增加的过程中，吴郡陆氏的文化水平也有明显提高，虽然江东地处偏远，士族的发育程度不及中原，陆氏的学术成就离中原士族也还有距离，但发育的轨迹是相似的。

陆康所处的时代，正是东汉末年的乱世。在庐江太守任上，割据淮南的袁术向陆康借粮，陆康因为袁术此时已显示出诸多不臣的迹象（几年后袁术就僭号称帝了），一口拒绝。袁术恼羞成怒，派部将孙策进攻庐江。

孙策，就是江东猛虎孙坚之子，吴大帝孙权之兄，是东吴政权建立的关键人物。

外地人统治的江东

孙家祖籍吴郡富春（今浙江杭州富阳区）。汉末，江南比较发达的是春秋战国时代吴国的故都姑苏（今浙江苏州）、越国的故都会稽（今浙江绍兴）一带，其他地区都还比较蛮荒，连今天的杭州市中心的上城区、下城区都还是比较偏远的蛮荒之地，遑论富阳区了，所以孙家其实出自江南的偏远地区。

前面我也说了，汉代的江南，汉人占领富庶的平原地区，控制主要城市，越人则占据较偏远的山林地区。孙家虽是汉人，但居住在山林地区，受到越人风尚的影响，因此十分彪悍善战。另外，孙家地位低微，连乡下土豪都算不上，孙坚的爸爸或者祖父孙钟还是个种瓜的。出身底层的孙家人什么都没有，只有烂命一条，所以打起仗来更加不要命。《三国志》说孙坚“世仕吴”，是不加辨别地采纳了韦昭《吴书》里为孙家贴金的记载。

孙坚年轻时靠打海盗展示一把武勇，因为吴郡的城市多处于越人的包围之中，经常跟越人发生冲突，需要军事人才，所以孙坚靠这个当上了郡里的武吏，这之后孙家才慢慢发展起来。

孙坚因为战斗力强悍，特别好使，在东汉末年可以说是救火队员，哪里有叛乱就去哪里镇压，从西凉一路打到湖南，人挡杀人，佛挡杀佛，战功无数，最终混到了长沙太守的高位，还获封乌程侯，这在豪族逐渐垄断官场的时代，可以说是底层人民拼搏的奇迹。

此后，凭借孙坚的官位和威名，孙家勉强从乡下平民进阶为武力豪族。孙坚跟刘表作战时，因为轻敌冒进，被射成了刺猬（一说被石头砸死），因为孙家是暴发户，缺乏底蕴，在官场上也没人肯提携，其子孙策只好带着部属，投奔孙坚的主公袁术。

袁术出于“四世三公”的汝南袁氏。袁家在士人中声誉极高，袁术跟其兄袁绍一起兴兵讨伐董卓，各自吸收了一批地方实力派当打手。后来讨董半途而废，袁术跟袁绍争起了地盘，袁绍的势力圈里有兖州曹操、荆州刘表；袁术则有徐州陶谦、幽州公孙瓒以及放弃地盘的佣兵集团首领孙坚，和在公孙瓒手下混的刘备。

但是袁术很快就因为贪暴无度，声名扫地，袁术系的诸侯实力和才能也不及袁绍系，在中原大战中纷纷败北，陶谦（以及后来割据徐州的吕布）被曹操揍趴，公孙瓒被袁绍打垮，孙坚死在刘表手上，刘备则改换门庭投入袁绍系。袁术失去了争中原的能力，跑到扬州治所寿春，驱逐了扬州刺史，从此在淮南混日子。

袁术的势力实际上已经败落，但淮南好歹比较富庶，手下还有孙策这样能打的小狼狗，对周边州郡逞逞凶的能力还是有的，所以他向庐江太守陆康勒索粮草，陆康不给，他就直接派孙策去打。

吴郡陆氏此时已经从武力豪族进化为儒学士族，陆康劝汉灵帝不要胡乱加税的奏表，充分显示了其儒学修养的深厚。在为政上，陆康也秉承儒家思想，宽厚为本，所以深得民心。孙策围攻庐江期间，已经休假的官兵都争先恐后地潜回城中，帮助陆康守城。

虽然陆康以前也镇守边陲，打败过贼寇和蛮族，还深得庐江百姓的支持，但跟孙策这种职业佣兵相比，在战斗力上还是有差距的。庐江虽然坚守了两年，但最终陷落，吴郡陆氏待在庐江的宗族百余人，折损过半，陆康自己也病逝在庐江。

陆逊最初也在庐江，在叔祖父陆康身边伺候。后来陆康眼见孙策要来攻城，自知凶多吉少，于是从宗族挑选少年英才，遣回家乡吴郡吴县，万一自己城破身死，吴郡陆氏也能有东山再起的机会。

他挑中的少年英才中，最著名的就是儿子陆绩和侄孙陆逊，因为陆逊比陆绩还年长几岁，才能也杰出，所以陆康死后，是陆逊而不是陆绩出任吴郡陆氏的族长。

庐江之战，让吴郡陆氏与孙家结下了血海深仇。但陆氏还没来得及报复，孙策就以袁术部将的名义打到陆氏的老家吴郡来了，并且短时间内就席卷江东。吴郡陆氏是与孙家对抗到底、鱼死网破，还是改弦更张、觍颜事仇？生存还是毁灭？这是个问题。

孙策下江东，受到江南豪族广泛地抵制。因为他一来出身低微，被江南豪族看不上；二来又是名誉奇差的袁术的部将，更为人所不齿。但以孙策的性子，又岂能容人跟他唱反调？于是孙策就开始杀人，有组织地杀，有计划地杀，有规模地杀，江南名士被成批量地翦除。

这时的南方，士族其实并不止顾、陆、朱、张四姓，还有若干高门大姓，他们被孙策铲除后，顾、陆、朱、张才成为当之无愧的“吴四姓”。如吴郡高氏出过汉灵帝激赏的大文豪高彪，其子高岱也是仁义之士，因为鄙视孙策，被杀掉；会稽周氏的周昕、周昂、周喁三兄弟多次跟孙氏作对，虽然周昕是名士领袖陈蕃的弟子，自己也是当世大儒，深受百姓爱戴，依然被孙策杀害；会稽盛氏是东汉名族，名士盛宪因病辞官后，一直在江东静养，因为名高，也没能逃过孙权的毒手。

这还是社会地位较高的士族，对于普通的武力豪族，孙策更不客气。吴郡王晟担任过合浦太守，是孙坚的好友，因为起兵反抗孙策，孙策把他全家宗族杀得干干净净，王晟也在战事中瞎了双眼，就这样孙策还要杀他，最后连孙策他妈吴夫人都看不下去，劝孙策把他放了，这才捡得一条命。其他一些什么乌程邹氏、乌程钱氏，都被杀了个七零八落，有的更是直接灭族。

就是投靠了孙家，也不是很安全。会稽魏氏的魏腾做事违逆了孙策的意思，差点被杀，又是吴夫人以跳井威胁孙策，才捡了一条命。吴郡沈氏（即两晋南北朝的吴兴沈氏）的沈友书法、文辞、武艺俱佳，号称笔、舌、刀三绝，而且也给孙家做事了，只是做事坚持原则，照杀不误。

虽然孙策没有贸然去动吴郡的顾、陆、朱、张四姓，但这种恐怖的气氛带来的压力是很令人窒息的。陆逊作为“吴四姓”的一员，为了家族的存续，不得不跟孙家合作，但是横亘在面前的还有孙策这个直接仇人，儒学士族都是要脸面的，总归是没办法拉下脸来给孙策卖命。

好在孙策在江东杀人太多，最终被吴郡太守许贡的门客刺杀。孙策临终时就嘱托孙权改弦更张，即“举贤任能，各尽其心，以保江东”，孙权也趁孙策之死，营造跟孙策不一样的形象，加强对江东士族的拉拢。

最后一层障碍也没有了，陆逊就顺水推舟地投入了孙权的幕府，但是并没有太被重用。当时孙权重用的是淮水、泗水流域的外地人，即陈寅恪先生归纳的“淮泗集团”，孙权用他们当打手，来压制江东本地人。

孙策、孙权要重用外地人，有两个原因，一是孙家出身江东底层，被江东人轻视，所以他们虽然是江东本地人，而且杀回了江东，但并不代表江东本地人的利益，反而是代表外地人利益的殖民政权；二是君主要完成专制集权，都喜欢使用没有根基的外地人来打压本地盘根错节的势力，孙策、孙权兄弟亦然。

掌握东吴军权的前三个大都督周瑜、鲁肃、吕蒙全是外地人；东吴政权的形象代言人张昭、张纮也是外地人；东吴前期独当一面的太史慈也是外地人；《三国志·吴书·程黄韩蒋周陈董甘凌徐潘丁》所列的程普、黄盖、韩当、蒋钦、周泰、陈武、董袭、甘宁、凌统、徐盛、潘璋、丁奉等十二员“江表虎臣”，除了董袭、凌统，也都是外地人（虽然不一定来自淮水、泗水流域，但也跟淮泗集团抱团）。

南方士族借山越战争复兴

这些外地人构成了东吴前期统治的核心，陆逊这种本地人，就算孙权有意拉拢，甚至娶了孙策的女儿，也只能做做二线工作。与中原交战他们是没份的，只能在后方打打山越，维持治安。

但能人就是不一样，在哪里都会发光。对江东人而言，连这种杂活都是为数不多的机会，陆逊不但没有把打山越当成杂活敷衍，反而要把这件杂活做成奇迹。他向孙权进言不要只是被动防御，可以主动进攻山越，把抓获的山越人带出深山，强壮的当兵打仗，瘦弱的耕田交税，这样东吴就可以越打越强。

这个政策，不但影响了魏晋南北朝数百年不间断的平蛮战争，甚至开了后世改土归流的先河，可以说是中国历史上影响最大的谋划之一，南方士族的精英陆逊也可以称得上对中国历史影响巨大的人物了。

东吴就这样开始了对越人长达数十年的大绑票运动，陆逊也就在后方打了十几年野怪，做一个安静的美男子。东吴前期的威风如赤壁之战，耻辱如逍遥津之战，都跟陆逊没什么关系，但是吴军源源不断的兵源和粮草里面，则有陆逊的印记和勋章。

当然，作为南方士族的精英，陆逊的计谋并不是只为孙权着想。山越人盘踞在江东的广大地区，人数何止数十上百万，要彻底消灭他们，单凭孙权的嫡系部队是远远不够的，只有联合江东大族，将打山越当成一种聚集江东整个汉人社会力量的活动，才能将越人的社会完全打散。而孙权要依赖江东大族来打山越，就必须给他们甜头，于是，捕获了山越人，孙权与出力的大族按比例瓜分，孙权固然增加了军队和税收，江东大族的实力也日新月异，很多大族能够“僮仆成军，闭门为市”，陆逊自己也在打山越的战争中得到了多达五千的私兵，在东吴政权里的发言权大增。而且因为江东大族跟孙权有了共同的敌人山越，其敌对关系也在战斗中日益缓和，东吴政权的本地化已经指日可待了。

到了建安二十四年（公元219年），孙家带到江东的外地人终于死得差不多了，其子孙因为家族实力不强，教育资源稀缺，多不能成器，孙权不得不对本地人进一步拉拢，陆逊终于有了露脸的机会。

当时东吴的头等大事是对付刘备方镇守荆州的关羽。外地人里面的帅才只剩下硕果仅存的吕蒙，而且还重病缠身，朝不保夕，东吴军队急需从本地人里补充新血，于是陆逊终于来到了第一线的争霸战场。

此时的陆逊，在讨伐山越的多年战争中已经成长为一代名将，其特点是“敌强愈强”，换了个环境，不但没有不适应，反而比以前更厉害，而且各方面能力全面地展示了出来。他接替吕蒙的荆州防务后，先是装孙子，麻痹正在进攻襄阳的关羽，关羽认为陆逊没什么本事，便将后方兵力大量抽调到前线，造成荆州空虚，这是吕蒙奇袭荆州得以取胜的重要原因。

接着，在吕蒙白衣渡江奇袭荆州的同时，陆逊又率军一路打穿荆州，堵住三峡，切断了关羽退回益州的要道，前后招降蜀军数万人，功劳不在吕蒙之下，当时其地位就已经跃升到吕蒙之上。战后吕蒙病死，陆逊成为东吴仅有的帅才，镇守上游的荆州要地。

第二年（公元221年），已经称帝的刘备为报关羽之仇以及夺回荆州，率倾国之兵数万人东征。陆逊被任命为东吴第四任大都督，也是第一位江东人大都督，率兵五万迎战刘备，打响了东吴的国运之战。

此战蜀吴双方兵力大致相当，但刘备派马良等人深入发动荆州的蛮族，得到一批生力军，另外蜀军的陆战一向胜过吴军，所以陆逊依然是以弱敌强。

陆逊力排众议，只管守住要道，并不跟锐气正盛的蜀军交战。即便蜀军围攻驻守夷道的孙氏宗室孙桓，或者示弱诱吴军出战，陆逊都不为所动，绝不上套。几个月之后，蜀军师老兵疲，而且为了避暑，扎营在山林附近，这就给陆逊提供了火攻的机会。

陆逊火烧连营四十余座，刘备大败亏输，逃到马鞍山据守，又被陆逊攻破，蜀军土崩瓦解，损失数万，刘备多年来南征北战积累的精兵大部分报销，自己也惭恨交迸，病死于白帝城，蜀汉一时再也没法威胁东吴。

孙权借助这次大胜称吴王，设年号。江东本地人的能量大放异彩，在东吴的地位也水涨船高。不久孙权舍弃外地人张昭，而用吴郡顾氏的顾雍为丞相，用陆逊为大将军，江东本地人掌握了东吴的政权与军权，东吴本地化完成，成为代表江东人利益的江东政权。

在这种和谐的氛围下，利益暂时一致的孙权与江东大族都需要一个结果：让孙权正式称帝，建立跟魏、蜀平等的国家，而这需要一次大胜。以往东吴在战争中的表现是很明显的攻弱守强，因为吴军实力的重要组成部分江东人只对防守家乡、保护自身利益感兴趣，对自损实力帮孙家开疆拓土没有兴趣，很多时候是出工不出力。为什么孙权打个合肥打了几十年都打不下，还常常在合肥城下被打哭，荆州方向攻襄阳也从无胜绩，就是这个原因。

但这次，为了得到开国功臣的荣华富贵，江东人决定卖一回力，打赢一次进攻战。江东人鄱阳太守周鲂（后来的义兴周氏）诈降曹魏，诱曹魏东线主帅曹休南下接应。孙权以吴郡陆氏的陆逊为大将，同是江东人的吴郡朱氏的朱桓、钱塘全氏的全琮为左右督，迎战曹休。为了让江东人卖力，孙权为陆逊牵马，给陆逊以极高的礼遇。

陆逊令吴军占据石亭附近的有利地形，等候曹休。曹休虽然知道中计，但耻于兵出无功，而且自恃兵多将广，决定好歹也要跟吴军打一仗。他进入石亭的狭窄地段后，也分派了一些人手埋伏在要地，准备接应。但这一切都被熟悉地理的吴军看在眼里，吴军先行拔除了曹休的伏兵，决战中又利用地利优势，大破曹休，魏军仓皇撤退，损失上万，策应曹休的贾逵、司马懿两路魏军也各自退回。

经此一战，陆逊在击败蜀军之后，又击败魏军，成为威震三国的名将。孙权也借助这一战的东风，于次年（公元229年）正式称帝，吴国正式建国。孙权与江东士族的蜜月期达到了最和美的阶段，但是凡事达到顶峰就会开始走下坡路，这段蜜月马上就要结束了。

孙家与南方士族的终极决裂

早在孙权称帝之前，他已经发现，曹魏实行的九品中正制，使得士族分走了好大一部分政治权力，让皇帝难以为所欲为，这是孙权不能容忍的。所以从那个时候起，他就设置了特务性质的校事官，对江东士族进行打击。

等到称帝以后，他发现自己的太子孙登对江东士族十分服膺，就更加害怕。他一怕士族们利用太子来制衡自己的权力，二怕自己死后，太子成为江东士族的傀儡，于是有换太子的意思。

孙登虽然史书上记载得十分完美，好像他不死孙权就不会发动后来的“二宫之争”，导致东吴元气大伤。但其实不是的，孙登只是看上去很美而已。《吴书》记载：“弟和有宠於权，（孙）登亲敬，待之如兄，常有欲让之心。”孙登当太子的后期，其身份已经出现了危机，孙权似乎有意立三子孙和为太子，只是孙登恰好这时候死了，可谓死得恰到好处，以免孙权亲手杀他，避免了一场家庭惨剧。

孙和成为太子后，依然与江东士族十分亲近，又造成了孙权新的不满，于是他要在诸子里面再找一个代理人，跟江东士族打对台，他找到的就是四子孙霸。于是孙权故意让孙霸跟孙和待遇一致，鼓励朝臣中的投机分子聚集到鲁王孙霸旗下，跟孙和以及江东士族作对。这就是长达八年的“二宫之争”，直接影响了东吴的国运。

在二宫之争中，孙权为了打倒江东士族，依靠的主要是外地人和江东本地的武力豪族。

外地人的代表是淮泗集团的步骘。东吴在孙权手上虽然大力江东化，但外地人始终难以融入江东本地社会。

在两汉时代，政府是不喜欢人口流动的，因为人口一流动就不好管了。秦汉政府施政的核心是节约行政成本，政府好管是第一位的，至于老百姓生活是不是方便那可以不予考虑。老百姓要去其他的郡县，要开具一种叫作“棨”的通行证，否则就会被抓。虽然东汉这方面比西汉宽松不少，但这个氛围是有的，所以各郡实际上相对封闭，跟唐宋以后人口较自由的流动不可同日而语。

所以各郡人民的乡土关系十分浓厚，各郡士族对本郡的其他士族也强烈认同。像中原这种发达的地区，发展到后面，士族可能会以天下为己任，组成跨郡县的士族大联盟。但江东在当时是比较落后的地方，士族还没有进化到那个程度，所以还是相对封闭的，外地人即使统治当地，也是很难融入进来的，所以很支持打击本地的士族。

武力豪族的代表则是出自吴郡钱塘的全琮。武力豪族跟士族之间也有鸿沟，虽然士族是武力豪族进化而来的，但三国时代是士族把持政权，身份认同、排他性逐渐增强的时代，武力豪族想要上升为士族，机会不再像汉代那样多了。

士族排他性增强，最明显的标志就是九品中正制的实行，由士族对本地人士进行品评，吏部只能在士族提供的人选里面选官。等于是士族分享了选举权，他们选举时当然会优先推荐身份相同的士族，武人就比较难出头了。

东吴也实行了类似于九品中正制的制度，只不过中正官不叫“中正”，而叫“公平”，所以东吴的武人也不是很好过，自然支持孙权打击士族，哪怕打击的是江东本地的老乡。而孙权对武人也早早地就着意拉拢，两个女儿都嫁给江东的武力豪族钱塘全氏、吴郡朱氏，利用他们跟士族搞对抗，但吴郡朱氏进化程度比钱塘全氏要高，对士族比较亲近，不愿意对士族动手，所以钱塘全氏成了孙权大清洗的急先锋。

“二宫之争”就是在孙权的拉偏架下，由孙霸一党发动的对江东士族的大清洗。孙权前后废了吴郡顾氏的顾谭、顾承，杀了吴郡张氏的张纯、吴郡朱氏的朱据，也逼死了吴郡陆氏的陆逊。

陆逊当时担任东吴丞相，并且掌握荆州兵权，东吴的军力配备历来荆州是大头，所以实际上等于掌握了东吴的政权和军权，孙权必欲除之而后快，甚至可以说“二宫之争”的用意一大半是针对陆逊而来。陆逊在孙权毫无理由地残害江东名士时，上表切谏，被孙权派人日夜毁骂，最后以六十余岁的高龄气恨而死。

清洗江东本地人之后，东吴的军政大权落入孙家远支宗室孙峻、孙綝等人的手里，东吴政治沦为宫斗，再也难以振作。江东士族其实依然拥有雄厚的经济、军事实力，实际上依然是东吴政权的基本盘，只是被剥夺了在政权中的决策权。但决策权既然落入未经历练的孙氏宗族之手，江东士族即使再出现陆逊这样的文武全才，也难以统率吴军再现往日的辉煌。

后来吴郡朱氏的朱异也是文武全才，东兴之战中曾经大破魏军，却在援救淮南之战中被孙綝无故杀害。孙皓时代，陆逊之子陆抗虽然在西陵之战中以少胜多，击败晋军（其前身是魏军），但那是因为孙皓前期跟江东士族的短暂合作，等到孙皓与江东士族关系破裂，吴国军事就再无起色，西陵之战也不过是吴国灭亡之前的回光返照罢了。到晋军大举伐吴时，江东士族集体将倒行逆施的暴君孙皓抛弃，东吴的长江防线遂一溃千里，无法收拾，东吴也在短短几个月内就亡了国。

其实，孙氏皇族与江东大族的矛盾并不是特例，割据君主与本地人尤其是本地豪族的矛盾是三国时代的突出现象。当相对封闭的各郡县因为乱世实现人口自由流动后，对当地社会带来的震荡是难以想象的，汉末群雄解决与当地人冲突的办法也是多种多样的。

曹操入主兖州后，因为当地士族有一定的独立性，不完全服从管束，曾经杀死兖州士人领袖边让立威，结果导致兖州士族领袖张邈、陈宫群起叛变，引吕布夺了兖州，让曹操差点没了老巢。之后曹操知道了士族的威力，就开始对士族妥协，除了杀害阻止他篡汉的荀彧、崔琰外，很大程度上承认了士族对本乡本土的控制权。到曹丕时代，为了称帝，更加通过九品中正制，向士族出让了政治权力的很大一部分。

蜀汉则情况颇有不同。东汉末年刘焉入蜀时，曾经依靠南阳、关中一带的流民（即所谓“东州集团”），对益州本地士人进行了一波清洗，到刘备入蜀时，又进行了第二轮清洗。江东士族只被孙家洗了一次，益州士族却被刘焉、刘备洗了两次，所以实力弱小，完全被蜀汉政权压制，在政治上难以产生重大影响。

南方士族辉煌的挽歌

等到西晋末年，五胡乱华，中原士族在皇权失范导致的“八王之乱”中，经过司马氏宗室诸王一轮又一轮的残杀，以及匈奴人、羯人的蓄意屠杀，大面积凋零。虽然有大批士族或者往东北方向投奔辽东慕容氏，或者往西北方向投奔前凉张氏，或者往长江以南避难，但除去留居本土效力匈奴人和羯人（如范阳卢氏、荥阳郑氏）的那部分，这些流寓士族都失去了土地和财产，虽然携带着先进文化和贵族传统，但到了新的地区还是要从头做起。

蜀地豪族则因为被蜀汉政权压制过度，力量一直较弱。蜀汉的统治阶层荆州集团、东州集团虽然发展为势力较强的大族，但在蜀汉灭亡后多被西晋政府迁回原籍，于是益州豪族一直不强。所以当巴氏李特率六郡流民南下时，益州豪族不敌巴氏和本土道宗范长生的道教联军，巴氏李氏攻陷整个巴蜀，建立成汉政权。

唯有江东大族，因为在东吴时代茁壮成长，实力非凡，西晋能够轻松消灭东吴，却不敢轻易去动这些实力强大的大族，于是他们大部分保存了东吴时代的强大实力。等到中原、蜀地相继被五胡攻陷后，吴姓大族依然凭借强大的实力保江东一方安宁。

当荆州的廪君蛮张昌造反，很快席卷荆、江、徐、扬、豫五州，几乎全据江淮流域时，是吴地大族义兴周氏的周玘（除“三害”的周处之子，赚曹休的周鲂之孙）率家兵与政府军合力，大破张昌的大将石冰，开启了张昌的败亡之路；广陵相陈敏在平定张昌的战斗中神勇无敌，见天下大乱，有意仿效孙策割据江东，又被周玘联络吴地士族顾荣、甘卓等予以剿灭；吴兴钱氏的钱璯图谋作乱，奇袭都城建康，又是周玘率家兵剿灭。这就是所谓的“三定江南”。在两晋之交的乱世中，吴姓大族成了华夏族硕果仅存的实力派，成了华夏复兴的希望，这其中不能不说没有陆逊发动山越战争的遗泽在内。

晋朝司马氏皇室绝大部分被羯人石勒屠灭，逃到江东的只有琅琊王司马睿等硕果仅存的五人，史称“五马渡江”，他们也很想借吴姓士族的力量复兴。但是，东吴政权借外地人欺压本地人的记忆仍在，吴姓大族在西晋的出仕经历也因为中原人的排挤而不算愉快，他们对外地人完全不感冒，对司马睿一行完全置之不理。最终，是伟大的政治家琅琊王氏的王导出面，用个人魅力和中原先进的学问折服了吴姓士族的领袖顾荣和纪瞻，让他们同意与北方流寓士人一起拥立司马睿为帝，建立东晋。

南北士族的共和缔造了东晋，而东晋初期建立秩序，主要也是借助南方士族的力量。吴地士族的首领顾荣、纪瞻、陆晔等人与主政的王导合作，帮东晋在江东立国，吴地豪族义兴周玘、庐江周访（汝南安城周氏的分支）、丹阳甘卓（巴郡临江人甘宁之孙，落籍江东）以及出身蛮族的陶侃，则成为主军王敦（王导从兄）的左膀右臂，帮东晋王朝消灭不服司马睿的江州华轶，以及荆州的杜曾、杜弢等叛军。

但是东晋政权一旦稳定，王导、王敦就使用手段，抬高中原流寓士族（又称侨姓士族）的地位，将军权收归侨姓士族手中，侨姓士族垄断了朝廷高官，吴姓士族只能出任地方官，但经济产权得到尊重，因此吴姓士族虽然不满，却没有反叛，他们对东晋政权兴致缺缺，一般不参与东晋朝廷的各种内斗，只在本乡本土做安静的美男子。

但他们的不满有时候还是会表现出来，尤其是在一些武力豪族身上。义兴周氏的周玘曾经三定江南，对东晋政权的建立居功至伟，但被侨姓士人排挤，郁郁而终，临死时吩咐其子周勰造反，尽杀北人。周勰发动了声势浩大的反叛，只是功亏一篑，东晋王朝也没敢过于追究，周勰依旧当他的二千石高官（临淮太守）。吴兴沈氏的沈充则加入王敦造反的大军，以杀侨姓士族为乐。

东晋中后期，五斗米道教主孙恩造反，又有大量信奉五斗米道的吴姓士族加入，使得叛军一下子发展得十分壮大，东晋朝廷费尽心机，才把五斗米道起义镇压下去。直到南朝，吴兴丘氏的丘灵鞠还对当年吴郡顾氏的顾荣被王导忽悠，引狼入室，造成北方人（伧父）欺压本地人的情况耿耿于怀，声称要挖了顾荣的祖坟泄愤。

直到隋朝消灭陈朝，统一南北后，江南士族、豪族还因为隋文帝的收权措施而群起反叛，隋将杨素率领大军来到，才将江南大起义扑灭，此后以大一统帝国的威势，在江南施政还要向贵族制度稍作妥协。到唐朝中后期，江东乃至南方地区反对唐朝朝廷搜刮财富，还经常有本地豪族带头起事造反。

直到宋朝以后，随着中央集权制度的进一步加强，地方权力大部分被剥夺，独立性进一步削弱，本地人的抱团再也无法影响中央施政，地方独立的时代才一去不复返。

{玖}

诸葛亮

秦制帝国最完美的宰相，没有之一

蜀汉章武三年（公元223年）夷陵之战，蜀汉皇帝刘备被吴将陆逊打得大败而归，惭恨交迸，病倒在白帝城。刘备自知命不久长，召丞相诸葛亮来白帝城托孤，一番嘱托之后，刘备突然说了一番令人震撼的话："若嗣子可辅，辅之；如其不才，君可自取。"意思是：如果刘禅还行，你就当他的丞相，好好辅佐他，如果实在不行，你就取代他，自己当皇帝。

诸葛亮当即涕泗横流，表示一定会像忠于刘备一样忠于刘禅，竭忠尽智，为蜀汉实现复兴汉朝的大业。后来诸葛亮为相十余年，确实悉心辅佐后主刘禅，内修政治，外治兵戎，南征北战，至建兴十二年（公元234年）病死五丈原，真可谓鞠躬尽瘁，死而后已，成为千古贤相的典范。

对于刘备托孤的这一幕，不同的人可能有不同的看法。喜欢把历史当小说看的人，一般会认为这是刘备与诸葛亮君臣之间的肺腑之言，感人至深；习惯阴谋论的人，则会认为刘备在帐后埋伏了刀斧手，这番话是试探诸葛亮的，要是他保证不篡位便罢，否则就立即诛杀，以绝后患，所以这番话没有什么君臣相知，完全是故作姿态。

汉初经典的君相体制

这些看法都是从比较浅层的私人因素或阴谋因素立论，完全无视此事发生的背景——汉朝。也正因为如此，这些看法缺乏历史的眼光、制度的眼光、传统的眼光。如果从政治制度和政治传统的高度着眼，就会发现这些看法既没有读懂刘备，也没有读懂诸葛亮。要了解这件事情的真相，必须先了解西周以来的宰相制度。

任何文明的上古时代都是神道设教，宰相一词的来源也与宗教脱不了关系，宰是祭祀上宰杀牺牲之人，相则是典礼上的辅助者，两个字合称就有管家的意思，后来又演变为专指一国之中辅助帝王、总揽政务的最高官员。“宰相”大部分时候并不是一个正式的官名（除辽代），在不同的时代其叫法不同，如战国时的丞相、汉代的三公、两晋的尚书令、唐代的同中书门下三品、宋代的同平章事和参知政事等，都是宰相。祝总斌先生认为，真宰相必须同时具有议政权和监督百官执行权，明清的内阁大学士、军机大臣因为没有监督百官执行权，所以不是真正的宰相。

商周时代，已有太宰、太师等辅佐天子治国的高级官员，但还不具备后世宰相总领百揆的性质。春秋战国以来，数百年的争霸战争与兼并战争，使得以功利实用为导向的理性行政获得巨大发展，政治制度的变动十分迅速和剧烈，宰相制度也不例外。如晋国军政合一的六卿制度，楚国由王族出任宰相的令尹制度，齐国不拘出身的国相制度等，都是宰相制度的早期实践。

战国时代，各国为了适应残酷的兼并战争，普遍加强中央集权，增强对社会资源的调动能力，国君将权力集中到自己手上后，急需贤才来帮助自己统筹使用，“一人之下万人之上”的宰相在制度上日益成熟。即便是君权极端强化的法家乐园秦国，也设置左右丞相，辅助皇帝处理政务，后来秦始皇的功业也离不开宰相李斯的大力臂助。

秦国统一天下后，秦始皇和秦二世的滥用权力导致秦王朝迅速崩溃。汉初，法家以外的诸子对法家制度进行清算，法家在君相关系中过度强调君权的一面也得到修正，不论是儒家、墨家还是杂家，其经典中都表现出一致的观点：皇权（君道）和政府（臣道）要严格地分开。

诸子对于君相制度有过大量的议论，如儒家的荀子说“主道知人，臣道知事”，墨家的墨子说“善为君者，劳于论人，而逸于治官”，这都是让帝王只管去选人才主政，不要插手具体政务；杂家的《淮南子》更是明确地认为君道、臣道不一样，“君臣异道则治，同道则乱”。

先秦诸子对宰相制度都有设计，经过融合之后，汉初对君相制度的设计思路是：皇帝提供权威来源，但不亲自理事，只确定大政方针，以及根据才能和绩效任免宰相；宰相总领政事，赏罚官吏，是真正的政府首脑。而汉初的政治现实也与这个思路十分契合，汉高祖刘邦的独夫气质不浓，与丰沛的老兄弟分享政权，造就了一个强大的军功集团，宰相从军功集团中产生，能够对皇权形成有力制衡。另外刘邦承认自己政治外行，把政务全部交给萧何等宰相，也树立了宰相治国的祖制。

关于宰相的地位，除了诸子的论述，还有上古神学的加持。上古时代的中国并不是没有宗教信仰的，只不过我们信仰的不是具体的多神或者一神，而是覆盖万事万物的一整套宇宙秩序，其中包含天文、阴阳、五行等多种神秘主义法则，与具体的人事对应，即便经过春秋战国时代理性的高涨，这套根本的宇宙秩序信仰也没怎么改变。

宰相一职在宇宙秩序中间也是有反映的，而且地位颇高。《史记·天官书》载中宫天极星下："其一明者，太一（天帝之星）常居也，旁三星三公，或为子属。""太一"是楚地信奉的神灵，汉高祖刘邦生长于楚地，深受楚文化影响，所以"太一"也成为汉代崇奉的主神，有时与"昊天上帝"重合，太一之居可以理解为天帝的宫廷。天上象征宫廷的紫微垣与象征外朝的太微垣里各有三颗星，都叫作三公星，那么按照汉朝人的观念，这种天象在人间事务上必然有投射，这就意味着会有三位重要官吏（对应三公星）出入皇帝（对应太一）的内廷和外朝，成为皇帝的重要辅弼，是为三公，而宰相就是三公之首。

三公之职既然对应了宇宙秩序，那就具有了神圣性，其作用无可替代，唐人所辑但反映了汉人部分观念的《通占大象历星经》说："三公星三，在斗杓东，和阴阳，齐七政，以教天下人。"而且三公不能空置，如果"一星亡，天下危，二星亡，天下乱，三星亡，天下不治"。三公的第一职责还不是在人间处理具体事务，而是在宇宙秩序中调和阴阳五行，上古经典《尚书》记载，天帝赐给大禹的根本统治大法"洪范九畴"，第一畴就是调和五行；汉初的丞相陈平也说过，宰相的首要职责是神学意义上的“上佐天子理阴阳、顺四时，下遂万物之宜”，然后才是人间事务上的“外镇抚四夷诸侯，内亲附百姓，使卿大夫各得任其职”。故而宰相跟皇帝一样，也是宇宙秩序的一部分，专司调和五行、燮理阴阳之职。

既然宰相之职是宇宙秩序的一部分，颇具神圣性，宰相的地位相应的也就很高。如果宰相不称职，皇帝固然可以将其罢免，甚至判刑、处死；但如果皇帝太不像话，宰相也可以对其进行教育、惩罚。而且基于汉朝统治的根本大法儒学——儒家巨擘孟子的“闻诛一夫纣矣，未闻弑君也”的思想，对于极端的像商纣王那样的独夫甚至可以废黜、诛杀。西汉名臣谷永也提出“天下乃天下之天下，非一人之天下”，如果王者“失道妄行”，且“终不改寤”，那么就可以“去恶夺弱，迁命贤圣”，而且认为这是“天地之常经，百王之所同”。可以说，思孟学派（子思、孟子的一派）对君权的防范，也在一定程度上加强了宰相的权威。

这种体制就是后世一再追思的经典君相体制，其设想是很不错的：皇帝具有“天子”的身份，有很强的神圣性，对政府进行监督和问责，绩效不佳时另选宰相，实现政府换届，但因为皇帝是由继承而非推举产生，政治才能未必达标，所以不去插手具体的政事，以免出昏招损伤权威，这样皇权也不会侵夺政府权力，肆虐无度；宰相主导一切具体政事，不受皇帝掣肘，能够尽量理性地行政，虽然可以被皇帝更换，但也有一些神圣性，可以根据“天子”之父“天帝”的旨意，对一些极端不称职的皇帝废黜甚至诛杀。

皇帝先坏了规矩

这种体制实行的时间久了，皇帝肯定会大权旁落，宰相说不定会世袭掌权，但那也未必或者说应该不是坏事。因为没有实权的皇家在政治斗争中会比较安全，容易一直传承下去，加强其血统的神圣性，在历史的关键时刻可以为国民提供强大的法统支持和凝聚力，跨过一些难以逾越的历史难关。像日本，虽然政府实权从镰仓幕府以来被幕府将军掌握了几百年，但天皇万世一系的传承使得其血统一直受到日本人尊敬，在日本走向近代化的倒幕运动和明治维新中天皇就发挥了极重要的作用。

经典君相体制虽然有这么多优点，但是对皇帝和宰相的要求都是很高的。皇帝要克制自己的权力欲，不可以为了作威作福就把手伸到具体政务里面去，宰相首先要有足够的政治才能，其次还要敢于拒绝皇帝的无理要求。

然而，到了汉武帝时代，经典君相体制就宣告破产了。汉武帝是一个权力欲和征服欲极强的皇帝，他不满足于只做一个监督者，他要让所有人都匍匐在自己脚下，他要从天下榨取大量钱财供自己挥霍，他要逮谁灭谁以获得唯我独尊的荣耀感。所以他大力插手具体政治，用外戚和亲信充当中朝官，辅助自己决策，剥夺了宰相的议政权，使帝国政治由过去的宰相主导变为皇帝主导；同时，汉初的宰相按惯例由功臣世家子弟担任，但经过汉文帝与汉景帝的蓄意打击，到汉武帝时功臣世家的力量已经不足以制衡皇权，而且汉初功臣多起自寒微，不太重视教育，其后代多堕落为纨绔子弟，既缺乏政治才能，对汉武帝的淫威也没有说“不”的勇气，只能乖乖地把权力交给皇帝。

但这还只是相权衰退的开始。汉成帝时，正式设立平行的三公大司马、大司徒、大司空，三人都是宰相，分管不同部门，均分相权，不再以一人为首总领百揆；汉光武帝在宫中设立尚书台，皇帝的秘书长尚书令分割了宰相的一部分权力，直接向皇帝负责。相权衰退则意味着皇权增强，在东汉不但皇帝可以胡作非为，皇帝年幼或者昏聩时，皇权集团的外戚和宦官也可以掌控尚书台胡作非为，而且他们还不用像皇帝那样对自家江山有起码的责任感，施政更加恶劣，东汉王朝就这样在外戚和宦官的交替肆虐中走向崩溃和解体。

黄巾起义撼动了东汉统治的根基，董卓专权和李傕、郭汜之乱则使东汉的中央权威彻底跌落谷底，地方军阀曹操重建了汉朝的秩序，并且成为汉朝宰相。但是从汉武帝以来皇权过于集中，这是暴力剥夺其他人的权力所致，因此掌权者不论是外戚、宦官也好，还是宰相也好，都难以退出，一退出就会惨遭他人的清算。而曹操宰相的位置从法理上不能传给子孙，一旦自己死了就要另选高明，那样其子孙必然遭到清算，所以曹操不得不让自家一直掌权，这样的话就只能去当靠继承而不靠选举的皇帝了，所以曹家必然走上谋朝篡位之路。

至此，绵延四百年的大汉王朝，因为皇权的高度集中，已经走进了死局。汉朝天下要不就被混账皇帝或者代理皇帝外戚、宦官玩坏，要不就被异姓权臣篡位，没有第三条路。这是汉朝皇权演变的必然归宿，救无可救。但是诸葛亮却觉得还可以救，为此做出了极大的努力，并且在一代人的时间内取得了成功。

诸葛亮对汉武帝以来皇权扩张的积弊其实看得十分清楚，他的理想是重建西汉初年的经典君相体制，这样东汉以来的一系列政治弊端就可以解决。从他《前出师表》里的语句里，也可以看出他对两汉的褒贬："亲贤臣，远小人，此先汉所以兴隆也；亲小人，远贤臣，此后汉所以倾颓也。"

其实东汉的社会是比西汉要自由多元的，文化水平也比西汉发达得多，但诸葛亮仍然推崇西汉而贬斥东汉，与琅琊诸葛氏的家学有关。诸葛亮的远祖诸葛丰做过汉元帝时的司隶校尉，虽然通晓经术，但行事风格却是法家的刚猛苛酷一路，很多人以为诸葛家是多么了不起的家族，其实不是，从诸葛丰以来琅琊诸葛氏的家学就是儒法参半，因此在东汉无法像儒学世家那样跻身第一流家族。诸葛丰死后，琅琊诸葛氏直到诸葛亮的父辈也没有出什么知名人物和大官，诸葛亮的父亲诸葛珪当到了泰山郡丞，但毕竟不是二千石的高官，他叔父诸葛玄虽然当上了二千石的豫章太守，但那是袁术私署的，而不是朝廷的正式任命，含金量不高。所以琅琊诸葛氏并不是东汉高门，其家风与东汉主流的儒学世界观也有一定距离。

琅琊诸葛氏最亲近的其实是西汉儒法并用、"霸王道杂之"（汉宣帝语）的那种较开明的秦制帝国及其经典的君相体制，而不是东汉以儒学为主、含有贵族色彩的政治，曹操也好，孙权也好，对豪强大族都有相当程度的依靠，都不是诸葛氏最理想的主公，唯有颠沛流离的刘备因为没有豪族支持，反而更适合建立诸葛氏理想中的秦制帝国，这才是诸葛亮与刘备君臣相知的基础。这与诸葛亮是一个理想主义者与完美主义者也有关系，所以他不会像兄长诸葛瑾那样投吴，也不会像族弟诸葛诞那样投魏，即便在荆州士族圈混得风生水起却不肯出仕刘表，直到找到称心如愿的主公刘备后才愿意出山。

所以，诸葛亮所谓的复汉，复的是西汉而不是东汉，要复兴的不但是汉室之名，更重要的是要复兴西汉早期的经典君相体制。中国进入大一统帝国，从秦开始算，到诸葛亮这会儿也不过四百多年，秦制帝国的运行逻辑还没有被人们完全发现。诸葛亮并不知道这种经典君相体制的弱点所在，他认为只要重建经典君相体制，并且想办法维护下去，就可以让秦制帝国走出死局，重现辉煌，而不用像魏、吴那样变异为贵族制国家。

三国时代的宰相复兴

经典君相体制中的宰相有两个特征，一是大权在握，二是竭诚奉君。所以诸葛亮一方面以丞相兼录尚书事的身份，掌握全部的军政大权，一方面则真诚地尊奉刘禅为君，他的心迹和行为得到了蜀汉国人的认可，被评价为“专权而不失礼，行君事而国人不疑”。

对于国事，诸葛亮当仁不让，内选贤才，外修战备，凡军政大事都由自己决断。他不但是超凡的政治家，而且是杰出的军事家，还是有远见的外交家，蜀汉在他的治下虽然屡屡兴兵北伐，但百姓的负担并没有太大的增加。在北伐战争中，诸葛亮则从最初的军事经验略有不足，迅速成长为一代名将，五次北伐越打越好，以一隅之兵力打得优势魏军龟缩防守。对东吴的外交则处理得十分得宜，包括承认和祝贺孙权称帝等措施，使得吴蜀联盟成为历史上少有的持续数十年的巩固联盟，东吴也对蜀汉的北伐多有策应。同时，诸葛亮秉持法家“王子犯法与庶民同罪”的原则，把自己也当成体制的一部分，对自己的功过，诸葛亮也严格按朝廷制度来奖惩，绝不徇私，全无后世权臣能进而不能退的样子。第一次北伐失败后，直接责任人马谡虽然深得诸葛亮器重，仍被秉公治罪，同时诸葛亮还自劾用人不当，贬官三级，以右将军行丞相事，直到第三次北伐获胜，取得武都、阴平二郡后，才因军功官复原职。

对于皇帝刘禅，诸葛亮则对法家的主张进行了修正。在法家观念中君权是至高无上的，想怎么弄臣下就怎么弄臣下，但经过秦亡的反思和汉初的政治实践，诸葛亮已经找到了最好的君相相处的办法。他将皇帝刘禅的地位推高到至高无上，即便自己是经天纬地之才，对刘禅这个黄口小儿也礼敬周全，同时他又剥夺了刘禅的一切实权，无论是政府的丞相，还是宫中的尚书台，都抓在自己手上，避免皇帝以及跟他一伙的宗室、外戚、宦官、佞幸肆虐，危害政治。

于是在蜀国，刘禅是经典君相体制下的皇帝，他是权威的象征，根据丞相诸葛亮的绩效予以奖惩，但不去干涉具体行政；诸葛亮则是经典君相体制下的宰相，处理军政事务完全不受皇帝影响，对刘禅他偶尔还会加以教育，如《出师表》中“宫中府中，俱为一体，陟罚臧否，不宜异同”等话语，都是教刘禅如何当好自己的角色。蜀汉真正实现了“政由葛氏，祭由寡人”，只要不站在皇帝的立场上看问题，这句话体现的其实并不是君臣易位，而是最理想的政治制度。

汉末三国时代，为什么魏、蜀、吴英雄辈出，跟三国在不同程度上实现了经典君相体制有很大的关系。但三国的情况又有很大的不同，以蜀汉的经典君相体制实行得最彻底，延续得最久。

按前面的说法，诸葛亮也是权臣，跟曹操似乎没太大差别，但细究起来两人的心术是很不同的，诸葛亮对于避嫌十分小心在意，一切容易让人误会的事情都掐灭在萌芽之中。诸葛亮从没有把自家子弟安插到要害部门抓权；蜀汉重臣李严为了自己升官，曾经劝诸葛亮加九锡、称王爵，也被诸葛亮严辞拒绝，这跟曹操大异其趣。

如果单看曹操的霸府政治，他也像诸葛亮一样独揽朝权，军政大事自己做主，不受汉献帝干扰。曹操所乘的马践踏麦田，违背自己颁布的军法时，也曾经有过割发代首的表现，看起来也跟诸葛亮一样赏罚严明，把自身也纳入政治法制的一部分。但同时，曹操把军权全部掌握在曹姓、夏侯姓亲党手中，汉献帝的宿卫兵士也全由曹氏亲党统帅，对汉献帝形同拘禁；曹操晚年，为了进位魏公、魏王，将有反对之意的荀彧、崔琰等名士迫害至死，这些做法就与诸葛亮完全相反了。

另外，曹操虽有雄才，却残忍好杀，他的很多作为树立了不少仇家，害怕失权后被清算，所以必须把权位传给子孙，必须进行谋朝篡位的准备。诸葛亮则用法均平，人格伟岸，让蜀人心服口服，不怕被清算，可以做他的经典宰相，而且他死后不但哀荣备至，儿子诸葛瞻也大大地沾了他的光，得到蜀人的过度赞誉，在蜀汉官运亨通。

因为曹操的这种心术，其子孙曹丕、曹睿当皇帝以后，大力加强皇权的私家化，用曹氏宗亲压制宰相的权力，但这只能引起大臣的不满，结果司马懿在满朝大臣的支持下掀翻了当权的曹氏宗亲曹爽，开始了新的一轮司马氏权臣当政。

东吴的君相制度也曾呈现出跟诸葛亮类似的样子。孙策临死时，也对张昭说过类似于刘备托孤的话："若仲谋（孙权）不任事者，君便自取之。"孙权少年即位，权威不足，长期将军政全权委任给张昭、周瑜等名臣良将。到孙权建年号以后，为了得到江东大族的支持，又任命江东大族顾雍、陆逊为丞相，将军政大权交到他们手中。

从表面上看，东吴丞相的权力也达到了近似诸葛亮的水平。孙权很多事情都派秘书去问丞相顾雍是否可行，顾雍认为可行就会留饭，孙权就根据顾雍是否留饭秘书来决定事情是否推行。后来孙权甚至把印信留在丞相陆逊处（陆逊长期镇守荆州），写给诸葛亮的文书让陆逊检视，如果有不妥的地方，陆逊可以改了直接盖孙权的章送过去。

但是随着孙权年岁渐长，威望渐增，他也不甘寂寞，开始不断地制造事端打击江东士族，经过暨艳案、吕壹案等多次努力，最终利用废立太子的二宫之争，将江东大族或杀或流，赶出权力中枢，把权力集中到自己和孙氏宗亲的手上。孙权死后，孙氏亲族孙峻、孙綝等成为宰相，东吴的朝政沦为宫斗，孙氏宗族进入了无休止的自相残杀，孙吴的政治也败坏到无可救药。

可见在三国政权（包含政权的奠基阶段）的黄金时代，都曾不同程度地出现过经典的君相体制，各政权皇帝和宰相的职能不相混淆，相辅相成，可谓各得其所。曹操"挟天子以令诸侯"的时期，是汉献帝提供合法性，曹操治政，结果曹操扫灭了包括袁绍在内的诸多强敌，统一北方；蜀汉诸葛亮当政时，是刘禅提供合法性，诸葛亮治政，所以政通人和，国力最弱的蜀汉竟能连年猛攻曹魏，而且颇有战果；孙权则是自己提供合法性，顾雍、陆逊等人治政，所以作为一个缺乏根基的地方土豪，也能够击败曹操、刘备，虎踞江东。

但是这种经典的君相制度，终究还是以蜀汉坚持得最久。蜀汉既没有以臣犯君、谋朝篡位，也没有君要臣死、兔死狗烹，君臣共和的时间较长，所以虽然国小力弱，其政治却到很后面（确切的说是君权复兴后）才开始混乱。这一切，不能不说是诸葛亮的深谋远虑和身后遗泽，也不能不说经典君相体制的设计思路确实有其可取性，在理想状况下可以发挥很积极的作用。

诸葛亮试图复兴经典的君相体制，带领大一统王朝走出死局，是琅琊诸葛氏的家族目标，也是诸葛亮的最高理想，在他有生之年也确实成功了。但诸葛亮并不满足于此，他要让体制延续久远，绝不能容忍人亡政息，所以诸葛亮未雨绸缪，进行了若干人事和制度安排，以保证自己死后这种体制还能运转下去。但是，他的安排能不能长久，秦汉以来的绝对皇权是否那么容易驯化，皇权对社会和政府的心理优势是否可逆，都要打一个大大的问号。

最完美的秦制宰相

汉朝的君相制度几经演变，到汉末已经有了很多新变化，诸葛亮要让经典君相体制延续下去，必须对这些新变做出反应。

汉朝从汉武帝加强皇权后，原来的一些近侍官员的实权开始大幅提升。如尚书，原本是掌管宫廷文书流通的小官，现在却因为皇权上升而处于权力网络的关键节点，还被汉武帝设置为中朝官，侵吞了宰相的议政权；又如侍中，原本是伺候皇帝的小官，掌管皇帝的生活用品，连倒夜壶都要干，因为跟皇帝亲近，其地位也随着皇权上升而水涨船高，被设为中朝官，也有了议政权。尚书、侍中原本属于九卿之一的少府，少府的职责是管理皇帝的私人财产，少府官员权威的加重，体现的是皇帝私人凌驾于政府之上。从此皇帝在宫中有了一套议政班子，皇帝通过他们来将自己的意志贯彻到政府之中，这套班子的地位越来越重要，功能越来越完备，到东汉初年，汉光武帝就把这套班子正规化，成立了尚书台，机要之事全部交给尚书台的长官尚书令处理。尚书令侵吞了宰相的一大块权力，地位大增，在外朝与司隶校尉、御史中丞并称“三独坐”，能与三公分庭抗礼。

尚书台虽然还在宫中，却具有了部分的宰相的职能，皇帝使用起来又不如身边的人方便了，于是皇帝又要用新的私人势力来操控尚书台，主要使用的是侍中和中常侍。

侍中在西汉已经成为要职，但地位还不及尚书，因为尚书掌管着帝国行政的关键资源文书。到了东汉，外戚经常加官侍中，因为汉光武帝设计的帝室与功臣联姻的国策，外戚多出自尊贵的功臣之家，侍中一职也跟着尊贵起来，后来外戚更是利用此职对尚书台施加影响。到汉章帝以后，外戚还获得西汉霍光那样名正言顺的录尚书事的权力，尚书台更是成为外戚的附庸。

皇权集团的另一股势力宦官则通过中常侍的官职来揽权，中常侍原名常侍，并非实职，是给贵族子弟或者才学之士的一种加官，得此加官的人士留居宫中，担任皇帝的顾问，西汉时主要由士人而不是阉人担任，如东方朔就当过常侍。汉光武帝因为中常侍留宿宫中，担心他们跟宫女乱来，就全部由阉人来担任，当然这些阉人一般也有一定的才能，或者是专门找了有才能的人阉了来当中常侍的，比如改进造纸术的蔡伦就当过中常侍。在宫中任职又跟尚书台有关的官员有两种，一种是士人担任的黄门侍郎（黄门即宫门，因为汉代宫门是黄色的），负责传达宫中的旨意给尚书台，一种是阉人担任的小黄门，负责整理尚书台的反馈，上报给皇帝。汉和帝英年早逝，其皇后邓绥（和熹邓太后）代替幼帝执政时，不愿意跟士人担任的黄门侍郎接触太多，以免影响名声，所以直接用阉人担任的小黄门给尚书台下旨。后来通过中常侍和小黄门的组合来掌控尚书台就成了东汉的传统，皇帝利用宦官扳倒掌权的外戚后，也通过这条通道来行使皇权，处于这条通道上的宦官则获得了作威作福、为非作歹的能力。

这么总结下来，可以发现汉朝皇帝的集权其实是悖论，汉光武帝设尚书台本来是为了加强皇权，后来却因为皇帝出了一些状况，就被外戚和宦官等宫廷势力滥用，皇帝反而大权旁落了。虽然说外戚和宦官的权力都来源于皇帝，说起来跟皇帝是一伙的，但汉光武帝设立尚书台的初衷肯定不是让外姓人和阉人代替自己的子孙行使皇权。

皇权通过秘书机构来肆虐，并且皇帝的亲戚和奴仆也通过秘书机构来肆虐，正是东汉灭亡的重要原因，对于这一点诸葛亮当然看得很清楚，所以作为丞相的他不但独掌外朝的军政大权，也把秘书机构牢牢掌握在朝臣手中。诸葛亮从荆州时代就开始培养政治人才，刘备夺取益州后吸收了刘焉、刘璋父子的旧部即所谓“东州人”（多是关中、南阳一带的人，不是四川本地人），诸葛亮又致力于团结东州派，化解荆州派与东州派之间的矛盾，将两派融为一体，打造为蜀汉的统治集团，凌驾于本地人之上。从东州派中他也得到不少政治人才，所以诸葛亮为相期间，用了许多杰出人才担任秘书机构的官职，如荆州派的陈震、蒋琬，东州派的费祎、董允等，都担任过尚书令。诸葛亮自己身为丞相的同时已经兼录尚书事，原本尚书令的政务职权已经在握了，那么就要按照尚书令的职责掌管宫中，教育刘禅，让刘禅按外朝的剧本来行事，诸葛亮所言“宫中府中，俱为一体”就是这种制度的真实写照。

因为巨大的威望和合理的制度设计，诸葛亮死后，无论刘禅何等不愿意，他一手奠定的经典君相体制都得以延续。诸葛亮临终时指定蒋琬接替自己执政，刘禅照办，蒋琬时代费祎担任尚书令，在宫中给蒋琬提供支持，刘禅也照办。蒋琬临终时又有意让费祎接替自己的职位，刘禅照办。费祎时代董允担任尚书令，在宫中给费祎支持，刘禅也照办。即便蒋琬、费祎经常统兵在外，不在朝堂，国政方面刘禅不敢也无法自专，也都先咨询他们然后施行。可以说蒋琬、费祎延续了诸葛亮时期的经典君相体制，真正实现了“宫中府中，俱为一体”，大臣当政，皇帝垂拱。

但刘禅自己对这种体制是否满意呢？答案当然是否定的。年轻的时候，面对一群老臣他可能还乐得少打交道，自己玩去，但随着年岁渐长，身为皇帝却不能一言九鼎、为所欲为，这就很难受了。每当午夜梦回，刘禅回想我大汉的孝武皇帝、光武皇帝何等威风，即便自身才能低下，那也是要拿他们当榜样的。

连刘禅都有汉武帝的心

诸葛亮一死，刘禅就开始对经典的君相体制动手，他拒绝为诸葛亮立庙，以免宰相的形象被进一步神化，使自己这个皇帝毫无存在感，后来实在挡不住群臣的压力，才在远离政治中心的汉中沔阳为诸葛亮立庙，但坚决不在首都成都立庙。

诸葛亮之后，刘禅不再设立地位崇高的丞相一职，而是将行政大权分割为两部分，让蒋琬担任大将军录尚书事，费祎担任尚书令。蒋琬病重，又让费祎担任大将军录尚书事，董允担任尚书令，中间还让姜维跟费祎共录尚书事以分其权。刘禅在一段时间内不让蒋琬、费祎开府自选属官，削弱他们对朝政的控制力，同时又试图通过对尚书令的控制来削弱相权。但两届尚书令费祎、董允都深知皇权的危害，是诸葛亮路线坚定的拥护者，没有因为刘禅的拉拢就成为他手中的刀，诸葛亮苦心孤诣建立的体制依然得以保全。

但是，诸葛亮的体制是依赖本身的巨大威望建立的，是不可复制的，虽然他可以将自己的威望在身后再传递一段时间，但也不可能传递得太久远。而秦汉时代皇帝的威力给全社会留下了难以磨灭的历史记忆，跟皇帝作对的不论是西汉的诸侯王还是东汉的士大夫没有人有好下场，而且皇帝可以凭借神圣的血脉世袭，宰相却不能，即便宰相培养可靠的接班人传递权力，出岔子的风险性也比皇室传承大很多。所以即便蜀汉的宰相这么牛，还是有很多人把宝压在皇帝这边，转机终于还是来到了刘禅面前。

蜀汉延熙九年（公元246年），刘禅忌惮的尚书令董允病故，接任的尚书令吕乂明于吏干而黯于大局，新晋的侍中陈祗是费祎看好的人物，但他一反费祎、董允的做法，与刘禅宠幸的宦官同时也是刘禅代理人的黄皓打得火热。刘禅借助黄皓开始插手政务，陈祗也借助刘禅和黄皓的力量，地位直线上升。延熙十四年（公元251年），吕乂去世，陈祗兼任尚书令，成为秘书机构的首脑，从此愈发谄事刘禅，纵容黄皓，成为皇权的奴仆，刘禅通过陈祗开始大肆收权，过足了皇帝的瘾。

延熙十六年（公元253年），蜀汉大将军费祎被魏国降将郭修刺杀，刘禅让姜维接任大将军录尚书事。但姜维身为曹魏降将，在政坛没什么根基，而且其政务能力也不及军事能力耀眼。已经成为尚书令的陈祗通过支持姜维北伐，换取了姜维对政治权力的放手，蜀汉的政治大权从宰相、三公那里转移到尚书令手上。而担任尚书令的陈祗不再是骨鲠之士，而是一味迎合皇帝的小人，蜀汉的皇权从此大涨，经典的君相体制荡然无存，此时距离蜀汉灭亡已经不到十年了。

因为陈祗帮助刘禅重振雄风，男人了一把，刘禅对他十分感激。陈祗死后，刘禅痛哭流涕，伤心不已，对陈祗的感情远远超过了对相父诸葛亮的感情。当年董允担任尚书令，刘禅想扩充后宫、想重用宦官黄皓，都被董允阻止，现在刘禅权威大振，对董允恨得咬牙切齿，认为自己以前听他的话简直是自轻自贱，哪是做皇帝呀！皇帝的代言人宦官黄皓则开始弄权，党同伐异，作威作福，搞得朝堂乌烟瘴气，蜀汉的政治开始急剧腐败。后来连名义上的宰相姜维也被黄皓逼得远走沓中屯田避祸，在曹魏大举攻蜀时回援不及，使得汉中迅速被魏军占领，大大加快了蜀汉灭亡。

虽然刘禅后来在司马昭那里的乐不思蜀很可能是装的，看他分化蒋琬、费祎的手腕也绝不是什么都不懂，但综合看起来也算不上多杰出的皇帝，连他都不能甘心于虚君之位，中才以上之主可想而知。诸葛亮作为一代伟器、不世奇才，又因机缘巧合拥有刘备托孤的巨大权威，连他这样得天独厚的条件，呕心沥血重建的经典君相体制也不过能在死后维持一代人的时间，其他人没有这样的条件，更是不可能重建。

可见这种经典的君相体制，从设计伊始就对君臣的要求都太高了，大部分时候其实是空中楼阁，只有在非常特殊的情况下才有可能出现，诸葛亮胜利的失败和刘禅失败的成功为这种体制正式宣判了死刑。君主专制制度有其自身的运行逻辑，即不断地趋向更加专制，想要反拨和阻止，只能生效于一时，却无法改变这个大趋向，这是中国古代政治最大的悲剧。

回过头来再看刘备托孤。刘备的基本盘是荆州集团，后来又加上了东州集团，他称帝的时间不过两年，在两个集团中的合法性积累还严重不足，太子刘禅又还不到二十岁，难以应付复杂的局面，一个不慎就有可能导致蜀汉政权分崩离析，那样他们刘家的下场会非常不妙。他从一个汉武帝式的皇帝的视角来看，必要时宁愿让诸葛亮以皇帝的名分掌握实权（因为以他的见识，他找不到皇帝集权以外的方式），这样可以应对危局，也能给刘家留一条活路。

诸葛亮也并非是一味地愚忠，而是打算在蜀汉复兴经典的君相体制，这样的话他可以不用重新积累合法性，而凭借刘备已经积累的合法性来统治蜀汉。他可以用刘禅来当权威的化身，自己掌握实权，应对蜀汉的困局，等到形势稳定后，他就可以着手奠定经典君相体制，并且想办法形成制度持续下去，如果成功了，就可以将陷入发展悖论的大一统帝国带出死局和泥潭。认为刘备埋伏刀斧手的是用看明清猥琐政治的眼光去看三国的君相制衡，把三国时代当成了社会各方面都完全不同的明清来看待，缺乏历史的眼光。

君臣二人，想必还有史书未曾记录的一番言语，最终君臣之间达成了默契，刘备命令太子刘禅父事诸葛亮，称其为“相父”。诸葛亮也当仁不让，总揽大权，重建了理想中的制度。古人一再称赞刘备与诸葛亮是千古君臣相知的典范，看来诚不我欺。但是，因为经典君相制度本身的缺陷，诸葛亮最终回天无力，他重建的制度虽不能说人亡政息，但在一代人之后依然寿终正寝，其“鞠躬尽瘁，死而后已”的精神愈发显示出无穷无尽的悲剧意蕴。

西晋以后，尚书彻底取代三公，成为新的宰相，但已经没有了自行征辟官属的权力，皇帝的新秘书机构中书省和顾问机构门下省也都获得部分相权，宰相制度向隋唐的三省六部制转变。这时宰相之权虽然被分成三块，但因为三省之职一般都是士族充任，对皇权仍有一定的制衡力量。到隋唐时代，皇权在三百年的太平之世将士族驯化，士族丧失了最宝贵的独立性，相权才真正进一步衰落。唐朝皇帝给官员加“参预朝政”衔，后来发展为“同中书门下三品”，有了这个头衔的官员才有议政权，但三省长官未必有“参预朝政”的头衔，这又将宰相的议政权（参预朝政）和监督百官执行权（三省长官）剥离，而且“参预朝政”往往同时任命多人，进一步分散其权力。到了宋代，又将原来内廷由宦官充任的枢密使一职外化为朝廷官职，枢密使领衔的枢密院成为专管军事的机构，政事堂宰相们手中的军事权被分给了枢密使，相权又一次下降。到明朝，明太祖朱元璋索性废除宰相，只以内阁大学士为高级顾问。虽然后来内阁大学士的权势也逐渐增长，有时看起来像宰相，但他们只有名正言顺的议政权，没有名正言顺的监督百官执行权，并不是真正的宰相，宫里的皇帝、太后甚至太监都可以凌驾于他们之上。到了清朝更是连内阁都靠边站，设立离皇帝更近、更方便皇帝专权的军机处，军机大臣地位更低，完全成为皇帝的传声筒。

综观君相制度演变史，可以说宰相对皇帝的制衡越来越弱，虽然偶有唐太宗与魏徵这样的搭档再现了部分的经典君相体制的精神（制度上则相差太远），但从大势上来说，经典君相体制不可避免地走向没落和消亡。后来的皇帝不但是权威来源，也成了现实政治难以避免的存在，而且在大多数时候发挥的都是消极作用，越来越成为理性行政的阻碍。近代以后，只有当权威来源从皇权转变为民权，理性行政才能减少损耗，畅通无阻。

所以，诸葛亮可以说是经典宰相的回光返照，是经典宰相的挽歌，也是最后一位经典宰相。

李严与诸葛亮之争的是是非非

李严跟诸葛亮一样，也是刘备托孤的蜀汉重臣，他的一生因为《三国演义》里记载夸张、正史传记语焉不详，给人以扑朔迷离之感。《三国演义》里的李严能跟黄忠打上四五十个回合，诸葛亮认为蜀汉唯有李严能敌陆逊，用李严镇守东部防线，都是对李严过于夸张地拔高。《三国志》传记则因为陈寿记事的简略与后人对职官制度的不熟悉，有人甚至认为李严的地位还在诸葛亮之上，这都是很严重的误解。

其实李严在蜀汉的地位远不如诸葛亮，不过李严与诸葛亮各自代表了蜀汉的一派政治势力，即刘焉旧部与刘备旧部，或者说东州集团与荆州集团。这两派势力的形成各有很深的渊源，在蜀汉政治中有合作也有斗争，有纷争也有融合，最终演变为一派，即蜀汉的外籍统治阶层，对本地土著进行严厉地打压，而李严就是荆州集团与东州集团纠葛中重要的一环。

天下第三的巴蜀之地

往往有人会说诸葛亮北伐是以“疲弱之蜀地”与占据天下十分之七的曹魏作战，其实蜀地一点儿都不疲弱，蜀汉虽然只有益州一州之地，但益州在两汉是十分富庶的地区，潜力极大。当然，刘焉父子和刘备父子先后以外地人统治蜀地，决策并不考虑蜀地的利益，对蜀地的潜力造成了很大的透支，使得蜀地在两晋南北朝降到二三流地区的水准，但这不能掩盖蜀地曾经的辉煌。

自从战国中期秦灭巴蜀之后，为了同化巴蜀地区，秦国就派出了大量移民，“移秦民万家实之”，按每家五人算，一次性就移民五万人，在战国时代可谓手笔巨大。后来秦国在征服六国的过程中实行迁豪政策，把山东六国的强大家族迁到秦国领地上来监视居住，方便掌控，其中大部分是迁往首都咸阳所在的关中地区，也有一部分被迁入巴蜀地区。巴蜀很早就获得开发，秦惠文王时宰相张仪修建的成都城与咸阳城相去无几，可见在战国时期，巴蜀的发展水平比关中已经不遑多让。秦昭王时李冰修筑都江堰后，蜀地农业灌溉效率大增，从此成为膏腴之地、天府之国。到了秦汉时代，巴蜀又是中央朝廷流放罪人的所在，大量关中、关东的罪人被流放到巴蜀，其中不乏诸侯王之类的权势阶层。他们被流放时往往会把一大家子人带到巴蜀去，东汉时北方幽州、并州、凉州和关中受到羌乱的威胁，也有数十万人南迁巴蜀，因此巴蜀的人口日益增多，成为两汉的人口稠密之地。而这些通过各种途径从先进地区迁居到蜀地的人，为蜀地带来了先进的技术和理念，如司马相如的岳父卓王孙，祖辈是齐国的冶铁富商，被秦国强制迁徙到蜀地，白手起家重操旧业，在蜀地又靠冶铁成为巨户，同时也将先进的冶铁技术普及到蜀地。这些人极大地带动了蜀地的发展。

与人口数量的增加同步进行的还有人口素质的提高。汉景帝时的蜀郡太守文翁在成都设立学官，优先提拔饱学之士为官，使得蜀地向学之风大盛，也大大地加快蜀地土著的汉化，史称“文翁化蜀”。“文翁化蜀”之后，蜀地涌现了大量饱学之士，西汉的文坛宗主司马相如与一代儒宗扬雄都是出自巴蜀的天下奇才。还出现“蜀学比于齐鲁”的提法，巴蜀之学甚至可以与当时学术成就最高的齐学相提并论。这些蜀地名贤为巴蜀子弟做出了榜样，在“文翁倡其教，相如为之师”的风气下，东汉的巴蜀文教更盛，出现了不少世代为官的世家巨族，其中有些还是世代高官，如汉中李氏的李郃、李固父子，分别官至司空、太尉；蜀郡赵氏的赵戒官至太尉，其孙赵谦、赵温都当到了三公。其中李固还是士大夫领袖，在与外戚梁冀的抗争中惨遭杀害，深得天下士人景仰。

可以说，东汉的蜀郡比最发达的关东、关中地区也不遑多让，稳居天下第三的位置，比荆州、江东、凉州、燕代等地要发达得多。汉桓帝时的大瘟疫使得许多州郡人口减半，但巴蜀人口却不减反增，达到七百多万之巨，而且“蜀土富实，时俗奢侈，货殖之家，侯服玉食，婚姻葬送，倾家竭产”。无怪乎益州在汉末士人口里得到了“殷富”的一致评价，诸葛亮还没有出山就惦记上了“益州险塞，沃野千里，天府之土，民殷国富”；庞统则认为益州“国富民强，户口百万，四部兵马，所出必具，宝货无求于外”，是成就霸业的好地方；法正甚至引诱刘备，“资益州之殷富，冯天府之险阻，以此成业，犹反掌也”。

但是益州豪族在东汉末年的乱局中引狼入室，终结了益州的宁静。东汉末年，汉朝宗室刘焉看到中原将乱，想占有一块地盘避祸，于是建议朝廷设立州牧的职位，总领一州军政，委任清名在外的重臣担任，整顿地方上刺史、太守的腐败吏治。州牧一职来源于刺史，刺史原本是汉武帝为了加强皇权对地方的影响设立的官职，主要职责是依据“六条问事”，监察地方郡守有无违法失职行为和地方豪强是否老实，虽然权势比郡守大，但品秩只有六百石，远低于二千石的郡守，所以并不能统治各郡。西汉后期经常派名臣为刺史，为了优礼名臣新设了州牧一职，职责仍掌监察不变，但品秩提升到了二千石，不比郡守低，因此对郡守的发言权增大。王莽改制后天下大乱，为了应对危局王莽给了州牧以统军之权，使其成为地方军政长官。东汉建立后，汉光武帝又把州牧改回刺史，削弱其职权，仍做回监察官，但刺史已经较西汉时多出了一些权力，有了官属，州里的事情只派计吏向朝廷汇报，自己不用经常回朝廷。东汉后期反乱遍地，刺史又拥有了招兵平乱之权，到刘焉建议设州牧之前，刺史已经有了地方军政长官的色彩，刘焉的建议是让州牧成为名正言顺的地方军政长官，而且因为选用名臣担任，声望和品秩也都在郡守之上，能够对辖区进行有效管辖。

第一批殖民者

汉朝中了刘焉的招，真设了州牧，并且给了刘焉一个州牧的位置。刘焉的本意是当交州牧，这样可以远离中原的乱局，保障个人安全。但益州名士广汉董扶、巴西赵韪看到天下将乱，都有保护益州、孤立自守之心，他们看中刘焉汉室宗亲（汉景帝子鲁恭王后裔）的地位，有意扶立刘焉为益州之主，统合益州的军政资源，防止外部势力入侵，保护益州豪族的利益。刘焉之前为人当官的名声应该是不错的，这也是董扶、赵韪决定拥立他的原因，于是董扶对刘焉说益州有天子气，劝他去当益州牧，刘焉果然心动。正好这时的益州刺史郤俭贪污贪得天下皆知，汉灵帝就让刘焉去做益州牧，拿下郤俭治罪。

但是这时益州已乱，刘焉进不了益州。郤俭的贪残使得黄巾余党在益州起事，几天内聚集万人，杀死郤俭，攻破蜀郡、犍为，自称天子。这时就可以看出巴蜀豪族的强大了，蜀郡豪族贾龙以家兵数百人为骨干，招集吏民，几天内就平定了叛乱，可见巴蜀豪族的文武实力都完全不逊于其他地区的豪族。各地豪族的思维方式都是相通的，贾龙肯定也明白董扶、赵韪的意思，于是派兵迎接刘焉到蜀中。刘焉也在蜀中行宽惠之政，至此为止刘焉完全按益州豪族的剧本行事，双方看似皆大欢喜。

但刘焉实际上是与袁绍、司马懿一样“外宽内忌”的人。出身士族而又有意争天下的人都体现出了这种风格，一方面日常生活要遵守儒学的道德规范，一方面争天下又要干大量暗黑的事，于是只好自相矛盾，表里不一。刘焉不进入益州豪族云集的成都，而是以豪族势力较弱的绵竹为治所，一边减少掣肘，一边暗中布局，最重要的一步棋是跟五斗米道领袖张鲁、张修结盟。张鲁、张修在巴蜀传布道教有成，巴蜀一带有大量汉胡民众信教，他们按照初代天师张道陵遗法，把流民和贫民编入教区组织“二十四治”，以团结互助的类似氏族公社的制度帮助大家生存，这二十四治遍布蜀地和汉中。在巴地，大量的板楯蛮和廪君蛮部落整个信了五斗米道，川西北的青羌也极有可能信奉了道教。因此当刘焉得到道教的帮助时，实际上就具有了非常强大的力量，刘焉让张鲁、张修去夺取道教根基深厚的汉中，张鲁、张修发动道教力量，轻易地就干掉了汉朝的汉中太守苏固。刘焉就给朝廷上表谎称“米贼断道”，自己收不到朝廷的旨意。

刘焉这么做是为了关门，避免益州以外的因素对益州局势产生影响。关门前后，刘焉又把在益州的外地人组织成军队，增加自己的力量。汉灵帝光和元年（公元178年）开始，刘焉在南阳郡做过三年太守，南阳郡是汉光武帝的故乡，是东汉功臣后裔扎堆的地区，其势力十分强大。当时天下未乱，无法像乱世中那样对他们下黑手，所以刘焉在南阳明智地实行宽政，深得南阳豪族之心。当关东诸侯起兵讨董后，南方来的野人孙坚借讨董为名，胡乱砍杀了荆州刺史王睿、南阳太守张咨，将南阳弄成了三不管地带，交给四世三公的袁术统治。袁术完全不顾家族声望，军费不够就带兵在南阳郡明抢，弄得东汉功臣后裔大量败落，没败落的也赶紧收拾东西逃命。因为刘焉治南阳时跟他们有愉快的过往，而且也是他们要保护的汉室宗亲，所以相当一部分南阳豪族逃到益州，托庇于刘焉。另外董卓躲避关东联军，裹挟汉献帝迁都长安后，刘焉的三个儿子左中郎将刘范、治书御史刘诞、奉车都尉刘璋在长安做官，对关中也有一定影响力，所以不少受不了西凉军肆虐的关中人也逃入蜀中，从这两个地方入蜀的人数有几万家之多。刘焉就大力笼络这些南阳人和关中人，组成“东州兵”，作为自己镇压益州豪族的利器。

一切准备就绪后，刘焉就开始拿益州豪族王咸、李权开刀，杀了以他们为首的十几个豪族立威，理所当然地引起了益州豪族的反弹，蜀郡豪族、犍为太守任岐起兵攻打刘焉，被刘焉消灭。董卓听说蜀中大乱，派司徒赵谦带兵收川，赵谦出身于蜀郡赵氏，这个家族连续出过多位三公，声望堪比袁绍、杨彪，在蜀中号召力极强，于是先前镇压黄巾、迎接刘焉的蜀郡名将贾龙也反水攻打刘焉。刘焉出动了东州兵和王牌青羌部队才击杀贾龙，这青羌部队有可能是信奉了道教随张鲁投奔刘焉的，也有可能是刘焉自己招揽的。总之有了这张王牌以后，董卓派出的收川军队最终偃旗息鼓了，刘焉完全掌控了巴蜀。

至此，刘焉利用外地人压制本地人的策略获得成功，东州集团成了他的基本盘，也成了益州的统治阶层，大肆压榨、凌辱益州豪族，吃香的喝辣的好不惬意，益州豪族悔不当初。但刘焉也没得意多久，董卓死后，李傕、郭汜占据长安，与董卓招引到关中的马腾、韩遂发生矛盾，刘焉通过在长安做官的儿子刘范与马腾联络，准备一起袭取长安，不料事泄，马腾、刘焉联军被李傕击败，刘焉在长安做官的儿子除了刘璋先被汉献帝放回来晓谕刘焉之外，刘范、刘诞都被西凉军残杀，同时刘焉的治所绵竹又被天火烧城，烧了个干干净净，只能把治所迁去成都。双重打击之下，刘焉气恨交迸，得背疽而死。

这是益州豪族的一个机会，如果他们趁着刘焉新死，团结起来驱赶东州人，兴许可以成功。但他们看到刘焉的儿子刘璋性格宽仁，有望调和益州人与东州人的矛盾，而且刘璋还有汉室宗亲的名分在，他们在刘焉身上设想的巴蜀豪族小王国也许能在刘璋身上实现，于是益州豪族赵韪、王商等推举刘璋为益州刺史，接了他老子的班。

刘璋确实性格宽仁，也确实想对益州豪族好一些，但是他老爹刘焉招纳的那些东州兵当惯了大爷，突然不让他们当了，以刘璋的威望和能力都是做不到的。对于东州兵的肆虐，如果说刘焉是不想禁止，有意纵容，刘璋则是想禁而禁不了，毕竟东州兵是他老爹和他的基本盘，不能一味强制打压。这一下益州豪族不满意了，荆州别驾刘阖乘机鼓动巴郡豪族甘宁等人攻打刘璋，但没有成功，锦帆贼甘宁等人逃入荆州。刘璋命令赵韪攻打荆州，但赵韪对刘璋压制东州人已经不抱希望，率军到达边界后以优厚的条件与荆州联合，反过来联络巴蜀豪族攻打刘璋，蜀郡、广汉、犍为等郡的土著豪族蜂起响应。刘璋的地盘一下子丢完，只剩一个成都城在手里，但是东州集团害怕以往的恶行被益州豪族清算，为刘璋死战，最终击杀赵韪，把益州豪族的反抗镇压下去。

但是刘璋跟东州人的关系也没有处理好。刘璋远不如他老子刘焉毒辣，对益州豪族不愿用狠辣手段大规模迫害，导致东州集团没办法继续作威作福，同时刘璋的才能也比较平庸，不能让东州集团服气。首先是刘焉的道教盟友张鲁不给刘璋面子，刘璋轻率地杀掉了张鲁的母亲和弟弟，跟张鲁结为死仇。这时的张鲁已经袭杀张修，独自统治汉中，在蜀地也有不少信众，巴地的少数民族部落也多信奉道教，对益州的威胁其实是很大的。刘璋只好派出身东州集团的亲家庞羲镇守巴西，抵御张鲁，但又猜疑庞羲招兵买马，弄得人心解体，统治不稳。

第二批殖民者

刘璋把巴蜀治理得一团糟，令东州集团很不满意。一来刘璋不肯纵容他们欺压益州土著，让他们不能为所欲为，同时因为要拿出一部分官职来安抚益州豪族，导致许多东州人仕途不理想，如法正这样的奇才熬了很久也只能当个县令；二来刘璋御下无能，巴蜀政治涣散，很有可能被人灭掉，巴蜀本地人倒是无所谓，本来就是被外地人统治，刘璋被灭了也不过是再换一拨，但他们东州人却很可能会被新的外来集团清算，或者至少不会再享有任何特权，所以他们有意自己主动邀请一支势力来消灭刘璋，占据巴蜀，这样自己的特权地位和既得利益至少能够保留，李严就是这些人里面的一员。同时益州豪族对刘璋也不尽满意，因为刘璋即便没有纵容东州人欺压他们，但依然是东州人的后台，另外刘璋镇压过赵韪，也得罪了不少益州豪族，益州人里也有人想邀请一支势力进来取代刘璋，对益州人实行较宽和的统治，反正是被人统治，不如找一个更宽和的来。

刘焉、刘璋父子的情况其实跟孙策、孙权兄弟很相似。不同的是，孙策率领淮河、泗水流域的外地人对江东本地人进行屠杀之后，孙权也坚定地倚仗淮泗集团对本地人又拉又打，手段高明，同时得到了外地人和本地人的承认，建立了东吴政权。而刘焉残杀本地人后，刘璋却在外地人与本地人之间摇摆不定，导致两头都没落好，其政治水平比孙权差得太远，最后只能被刘备取代。

这种情况下，首先提出邀请刘备入川的是益州豪族张松就可以理解了。张松出自蜀郡张氏，应该也是门第较高的士族，给人外交世家的感觉。曹操平定荆州后，刘璋派张松的哥哥张肃给曹操示好，张肃捞了个广汉太守，再派张松去进一步交结时，曹操以为天下统一在即，骄狂起来，不理会张松，结果赤壁之战却惨败而归。张松怀恨在心，回益州后劝刘璋跟曹操断交，结好同宗刘备。这时刘备在赤壁战后夺取了荆南四郡，又从孙权手上借了南郡，也算是一州霸主，说强不强，说弱不弱，正适合做刘璋的外援，不像曹操来了就只有吞并一条路。所以刘璋也很心动，派了东州集团的法正和孟达去结好刘备，这两人本就不看好刘璋，立即投向了刘备。张松又蛊惑刘璋说迎接刘备入川做外援，不但可以抵抗张鲁，还可以帮他镇住庞羲等不服的将领。引进外地人或者外国人来镇压本地人和本国人，原本是专制君主常用的手段，刘璋当然也不陌生，于是就决定听从张松的建议，请刘备入川。

但是大部分益州豪族还是不愿意找一个不确定的人入川取代刘璋的，毕竟刘璋对益州豪族释放了善意，即便不理想也很难得。益州豪族巴西黄权为刘璋陈说厉害，强烈反对引狼入室，广汉王累则把自己倒挂在城门上进谏。刘璋不但不采纳，对于刘备入川反而采用高规格的迎接仪式，命令沿途好生招待刘备，令刘备宾至如归。刘璋与刘备相会，欢饮百余日后，赠送了令人瞠目的海量物资，把刘备安排在巴郡，一方面帮刘璋抵御汉中的张鲁，一方面也压制刘璋不放心的巴西太守庞羲。

刘璋被人忽悠的根本原因是对多方力量的判断不准确。请外地人来杀本地人历史上固然是有，但那必须是外地人全无根底，除了给雇主效力别无后路，这样的情况下，才能为竭忠尽智地为雇主服务。而刘备是有班底、有地盘的，根本不是必须靠刘璋才能活下来，搞不好大不了回荆州，正因为有退路，所以他敢反客为主搏一把，尝试夺刘璋的基业。另外，刘璋连自己的亲家庞羲都搞不定，让刘备去对付，要是做成了，自己岂不是更搞不定刘备？而且刘璋在实力如此孱弱的情况下还不经意地大肆炫富，在全国饥荒的情况下一次性就送给刘备"米二十万斛，骑千匹，车千乘"和缯絮锦帛无数，还"前后赂遗以巨亿计"。这在刘备看来不亚于一个毫无力量的三岁小儿手持大块黄金在闹市招摇而过，不抢了他的都会觉得对不起自己。

刘备驻扎在靠近汉中的葭萌关，并不以张鲁为意，只顾着收买益州人心，可能这时刘备就已经与东州集团达成了某些交易。时间一长刘璋也觉得不对劲了。一年以后，正好曹操发大军攻打孙权，濡须口之战爆发，刘备借口要回荆州救孙权，不但啥事没做还狮子大开口向刘璋要一万精兵和大批补给。刘璋只给了四千老弱，其他补给也只给了刘备要的一半，刘备借此激部众攻打刘璋，纠合三万兵马杀向成都，很快就夺了涪城（今四川绵阳），距离成都只剩下绵竹、雒城（今四川广汉）两道关卡。

刘璋派吴懿、张任等到绵竹抵抗刘备。吴懿是东州集团的一员，兖州陈留人，何进心腹武将吴匡的侄子，其父与刘焉关系极佳，因此全家随刘焉入蜀。刘焉为儿子刘瑁娶了吴懿的妹妹，所以吴懿跟刘璋是姻亲关系，相当亲近，但因为其东州集团的属性，战败一次后就降了刘备，后来还把寡居的妹妹献给刘备当夫人。张任是蜀郡人，寒门出身，却力保刘璋，战败后还退到雒城固守，在这里东州人与益州人的不同选择已经很清晰了。

刘璋又派李严、费观去统帅绵竹诸军，抵抗刘备。李严是南阳人，本是荆州的干吏，曹操平定荆州后才入川投靠刘璋，很快就凭才干出人头地，算是东州集团的边缘人物。费观是江夏人，属于东州集团，他姑姑是刘焉的老婆，也就是说费观是刘璋的姑表兄弟，刘焉又把女儿也就是费观的表姐妹嫁给了费观，两家亲上加亲。这两个人一个蒙刘璋破格提拔，一个与刘璋如此亲密，却都因为派系主张，一到绵竹就投降了刘备。反而是蜀地土著张任继续为刘璋守雒城，刘备的军师庞统都死在雒城的流箭之下。后来交战中张任被刘备俘虏，宁死不屈，壮烈捐躯。后来刘备让诸葛亮率赵云、张飞从荆州前来支援，诸葛亮等溯长江西上，攻略巴地，刘璋的儿女亲家、东州集团的庞羲轻易地归降了张飞，反倒是巴蜀土著严颜与张飞激战到底，被俘后还义正辞严，得到张飞的尊敬，最终张飞义释严颜，成就了一段佳话。

刘备刚反水的时候，益州豪族广汉郑度就建议刘璋坚壁清野，驱民到涪水以西，可令刘备军乏粮自退，可以说是真心为刘璋着想，都不顾本乡本土老百姓的意见了，因为刘璋不愿意扰民而没有实行。后来刘备攻破雒城，与诸葛亮、张飞、赵云等会师围困成都的时候，刘璋虽然仅有一孤城，城中吏民却愿意为刘璋死战。刘璋不愿兵连祸结投降后，属官还无不流涕，可见刘璋的宽仁作风还是得到了本地人至少部分本地人的认可。而且本地人通过刘备的做派，可能已经知道好日子要结束了。

殖民者的合流

刘备之前转战四方，至此也有了一帮部属，不管他们原来是哪里人，最后在荆州凝聚成一个统治集团，所以可以称之为荆州集团或者刘备旧部。等到占领益州后，刘备虽然贴标签似的也起用了黄权、彭羕等少数益州豪族，但其根本方针是联合东州集团，压制益州豪族。像彭羕很快就因为高调得罪了诸葛亮，被贬为江阳太守，又因为发牢骚被马超告发，最终被处死。蜀汉名士张裕因为不给刘备面子，预言刘备政权国祚不长，被刘备以“芳兰生门，不得不除”这样不是罪名的罪名处死。黄权虽然一直存在于蜀汉中枢，但也没有得到刘备的真正信任，后来夷陵之战进计不用，被吴军隔断退路，投降了曹魏。刘备做姿态重用的益州豪族在几年内就全军覆没，此后益州豪族就陷入了长期的边缘化地位，除了当一些南中地区不重要的太守之外，再也无法掌握重权，憋屈无比。

对于东州集团，刘备则不遗余力地拉拢。推举刘备为汉中王的奏章中，署名的十一人除马超是凉州降将，不属于东州集团或荆州集团之外，剩下的十人中东州集团五人（许靖、庞羲、射援、法正、李严），荆州集团五人（诸葛亮、关羽、张飞、黄忠、赖恭），人数上平分秋色，东州集团的地位不亚于刘备嫡系。在权位上，东州集团也不比荆州集团逊色，刘备称帝后，虽然用荆州集团的诸葛亮为丞相，但辅助自己行使皇权的三任尚书令则先后使用东州集团的法正、刘巴、李严。此外，东州集团在战略等方面被刘备倚重的程度还胜过荆州集团，如夷陵之战失败后诸葛亮就曾经感叹“法孝直若在，则能制主上，令不东行”，而自己却办不到。东州集团对刘备也尽力辅弼，法正帮刘备策划了汉中之战，夺取了蜀地的门户汉中，使蜀汉政权进可攻退可守；刘巴帮刘备发行大面额货币，掠夺民财，解决了入川后滥封滥赏带来的财政危机；王连则帮刘备重建了盐铁专卖制度，从民间攫取了大量财富；李严更是带头制造祥瑞，搞出很大的动静，向刘备劝进。

其实在刘焉入主益州之前，益州跟其他地区一样，土著豪族经济发展，实力强劲。但是蜀汉以益州为根据地建国，却不像东吴对江东豪族、曹魏对中原士族那样善待，益州豪族几乎没什么存在感，这是益州豪族被刘焉、刘备带不同的外地人清洗过两次的缘故，而且这两拨人没有自相残杀，反而联合起来欺压益州豪族。连遭两次清洗的益州豪族比不了只受到一次清洗的江东豪族和中原士族，实力大衰。蜀汉得以在他们头上建立严酷的秦制，榨取他们的军政力量。

刘备如此重用东州集团，使其隐隐有与嫡系分庭抗礼的样子，主要是两个考虑。一是蜀汉政权需要大量人才，需要新血，所以对东州集团大力笼络，东州集团的人才也确实做出了相应的贡献；二是让东州集团与荆州集团形成制衡，使皇权能够在两派的互相牵制中如鱼得水。所以直到刘备临终前，仍然维持了这个思路，让诸葛亮担任丞相、录尚书事，从东州集团里找了李严担任尚书令。但是李严性格乖张，并不是一颗制衡的好棋子，诸葛亮也有自己的考虑。刘备是以一个皇帝的角度设计政局，而诸葛亮是以宰相的身份治国，对政局有自己的要求，最终诸葛亮的设计取代了刘备的设计。李严却不能识时务地自己转向，反而想联合皇权加以破坏，自然只能以悲剧收场。

李严，字正方，南阳人。从地域上看，南阳郡也属于荆州，但判断荆州集团和东州集团不能只看籍贯，而是要看此人是第一拨还是第二拨入蜀。比如董和（董允之父）、费祎虽然籍贯是荆州人，但因为是第一拨入蜀的，所以应该归入东州集团或者说刘焉旧部；关羽、张飞虽然籍贯是并州、幽州，不是荆州人，但因为是第二拨入蜀的，所以应该归入荆州集团或者说刘备旧部。

所以李严虽然籍贯是南阳，属于荆州范围，但因为是第一拨入蜀的，还是应该视为东州集团的人物。《军师联盟》里说他是益州人，是一个错误。当然，东州集团的人如果同时是荆州籍人士，跟荆州集团共同语言会比较多，升迁顺序会比较靠前，比如董允、费祎、李严以及大量南阳籍的人士，而非荆州籍人士有时候则会受到排挤或敌视，如出身关中的法正和孟达。

《三国演义》里面李严能够跟黄忠大战四五十合，诸葛亮还说李严可敌陆逊，那都是夸张太过，没影的事。就是因为这些描写，让很多读者以为李严很强，其实李严远没有这么厉害，所以对蜀汉政权也就远谈不上多么重要。

李严是文法吏出身，用法深刻，做事只考虑对自己是否有利，属于为达目的不择手段的那种，在乡间的风评并不好，乡党都说“难可狎，李鳞甲”，认为这个人肚子里有鳞甲伤人，无法亲近，所以李严不能算名士，社会地位不高。

不过李严也还算一个军政方面都有两把刷子的能吏。从当郡吏开始就以才干著称，在刘表手下当过不少郡县的地方官。曹操南征时，李严逃到蜀中，给刘璋当成都令，投降刘备后又当犍为太守，都是颇有政声。他还跟诸葛亮、法正、刘巴等人一起制定了蜀汉的法律《蜀科》。

刘备攻汉中的时候，犍为发生多起叛乱，李严不声不响，没要援军，率几千州郡兵就把这些叛乱平定了。刘备称帝，李严又是第一个制造祥瑞，串联官员劝进的，拔了一个头筹。

可见李严军政上都有一手，对蜀汉政权也颇有功劳，虽然不能跟陆逊比，也算是一个不错的人才了。所以当刘备伐吴惨败而归，驻兵白帝城时，因为随军的贤臣程畿、马良等纷纷阵亡，急需一个军政多面手来总揽东线事务，诸葛亮身为丞相不能轻动，于是就选中了李严来东线救场。

龙与蛇的过招

不久刘备病逝，李严和诸葛亮一同成为托孤之臣。李严获得尚书令、中都护的职位，“统内外军事”，很多人据此认为李严的地位比诸葛亮还要高，理应是李严主政，只是被诸葛亮用阴谋诡计夺走了军政大权，于是说诸葛亮如何如何阴森可怖。

不得不说这完全是误会，是对两汉官制不了解所致。汉光武帝把三公的部分权力收归尚书台后，尚书令确实是实权颇大，与司隶校尉、御史中丞在朝议时专席而坐，并称“三独坐”。但诸葛亮从蜀汉建立开始就以丞相的身份录尚书事，地位在尚书令之上。“录尚书事”的意思是总领尚书台的事务，是一个弹性较大的职位，因为尚书台归根结底是向皇帝负责的，如果皇帝有能力自己处理政事，那么对皇帝负责的尚书令职权就比较大，录尚书事就会变成一种荣誉职位。但如果皇帝幼弱，无力理政，则对皇帝负责的尚书令也就没事做了，尚书台的主要权力归于录尚书事。刘禅即位时不到二十岁，面对危局自然是无力理政的，所以尚书台的主要权力要归于录尚书事诸葛亮而不是尚书令李严，加上诸葛亮本身是丞相，可以说是统管内外的一把手，李严的尚书令一职也就成了一种荣誉职位，这跟刘备理事时掌握了实权的尚书令法正、刘巴很不一样。另外，就在刘备死的当年诸葛亮还获得了开府治事的权力，有自己的僚属，李严则没有，从这两个方面来看，李严在蜀汉的地位是完全不足以与诸葛亮相比的。不过蜀汉建立后，三任尚书令都由东州集团的人来担任，形成了一种惯例，成了东州集团在蜀汉政权里的代表人物。所以李严的尚书令虽无多大实权，但确实成了蜀汉政权中东州集团的代表。

再看中都护，名义上护所有的中军，类似于曹魏的都督中外诸军事。都督中外诸军事的职责是统领都城内外的中军，中都护亦然。但刘备在永安设立了行宫，永安有了陪都的意味，又特意把李严留在永安，其实意思是让李严统帅以陪都永安为中心的东面部队，并不是把蜀汉军权交给李严。当然李严掌握了东线部队，也确实成了东州集团掌军的代表人物，在蜀汉也有了相当的话语权。

刘备这样做，一是要给东州集团以充分的尊重，二来可能也有制衡荆州集团的意思，但大权则交给诸葛亮无疑，还说刘禅要是不行，诸葛亮可以自代。但刘备选李严来代表东州集团，却无形中激化了东州集团与荆州集团的矛盾。因为李严此人个性高傲，不能为人下，人际关系处得不好，“乡党以为不可近”，完全无法当好刘备给他指派的角色。从辅政伊始，李严就上蹿下跳，为了谋求个人利益干了很多让人观感不好的事。

刘备在位的时候，出于帝王心术，需要让政府官员分为两派，互相制衡，这样可以方便他的皇权侵夺政府权。但当诸葛亮掌权时，本身就是名正言顺的政府首脑，并不需要在政府里面制造派系，反而需要政府成员团结一致，贯彻自己的政令，所以他追求的是弥合荆州集团与东州集团的裂痕，把他们整合成一个殖民统治集团，一起从益州人那里汲取资源北伐，而不是两派不停地内斗。李严却为了自己的权位，以东州集团的领袖自居，处处跟荆州集团的老大诸葛亮闹别扭，制造两派的裂痕，逐渐让诸葛亮无法容忍。

一开始，李严想讨好诸葛亮，劝诸葛亮加九锡，进位为王，想撺掇诸葛亮改朝换代，自己通过率先投靠，得到更大的权位，当年劝进刘备的时候他就是急先锋。孰料诸葛亮心存汉室，不想当曹操那样的权奸，心里对李严此举十分恼怒，但回信拒绝时还是给足了面子，没有一口回绝，说等北伐成功再考虑。

既然无法在诸葛亮那里落好，国家大政又没自己的份，李严就利用职权，在江州、永安一带也就是巴地发展自己的小势力，即诸葛亮所谓“平（李严）所在治家，尚为小惠，安身求命，无忧国之事”。对此诸葛亮当然不能容忍，但为了东州集团的面子又不好直接对李严发作，于是建兴四年（公元227年）第一次北伐之前，让李严从永安回防江州，准备带兵到汉中做北伐军的后援，同时让名声仅亚于赵云的老将陈到统帅永安军马，虽然名义上仍归李严指挥，实际上却被中央掌管，这算是一次警告。但李严对手上的兵马看得比命都重要，不但不听命去汉中，反而在江州大兴土木，兴建水利，修筑大城，想把江州建成像成都一样的名城，然后分益州东部五郡为巴州，以江州为巴州治所，自己当巴州刺史，与诸葛亮的益州牧相抗衡。诸葛亮当然不会答应，但大敌当前也不能跟李严打内战，所以调兵的事暂时作罢。

建兴八年（公元230年），曹魏起三路大军，大举攻蜀。诸葛亮让李严率兵两万支援汉中，李严不愿失去东部的根本，但又不能违抗军令，提出要以让自己开府为条件来交换。要是李严也开府，跟诸葛亮就会形成一东一西两套政府班子，等于分裂蜀汉，诸葛亮绝不能同意，但为了使用李严的部队，诸葛亮同意李严之子李丰都督江州，李严见根本未失，才同意支援汉中。次年诸葛亮第四次北伐，又把相府事务委托给李严，委以运粮重任，向李严展示和衷共济的诚意，希望李严能够明白自己的苦心，同心为国。

在诸葛亮看来，李严作为蜀汉官吏，掌管蜀汉一小部分势力，政府居然不能自如调动，是可忍孰不可忍！为了让李严为国效力，自己给地盘、给重任、给尊重，除了要统一事权，一些违背根本行政方针的要求没满足之外，已经是仁至义尽，包容至极。在李严看来，则是自身的权力和地位远远没有得到满足，而且还被诸葛亮一步步削弱。两人互相都很不满意，矛盾一触即发。

为时过早的总决战

建兴九年（公元231年），诸葛亮第四次北伐，上邽之战大破司马懿，形势一片大好，却因李严的军粮供应不上，被迫撤军。诸葛亮撤回来以后，李严居然很惊讶：粮食很充足，丞相怎么就这么退回来了！还给刘禅上书，说丞相撤退肯定是诈退，引诱司马懿跟他交战。

诸葛亮把李严前后文书拿出来对证，李严言辞矛盾，逻辑荒谬，被蜀汉群臣愤怒地一撸到底。诸葛亮随即把李严之子李丰调离江州，江州的部队才重回蜀汉政府的控制，诸葛亮到这时才真正做到了巴蜀地区的事权统一。但为了照顾东州集团的感情，诸葛亮用李丰为从事中郎，参与丞相府事务，并且表示只要李严改过自新，还有复起的机会。

到这里，很多人会认为李严年老荒悖，所以会做出如此搞笑的举动。但是，以李严的精明强干，他真的会如此愚蠢吗？当然不会。李严这一次的动作，其实是跟诸葛亮的总决战，是给皇帝刘禅的投名状，表示自己愿意为皇帝扳倒大权在握的丞相诸葛亮。因为随着诸葛亮威望的日益提升，他的筹码已经越来越少，再不动手的话就只能成为诸葛亮的一员部下，即便诸葛亮不计前嫌放手任用，跟以前做一方诸侯相比也是落差太大，不能接受。李严放出这个信号以后，如果刘禅出来为他撑腰，那么他的前后矛盾就可以变成指鹿为马，他就可以利用皇帝的权威来清洗朝廷大臣，是十足的佞臣做派。然而刘禅此时年纪尚轻，还没有那个胆量和手腕跟诸葛亮作对，更重要的是，诸葛亮设计的一整套制度把皇权关进了笼子，他就是想为李严撑腰用处也不大。

诸葛亮自任丞相、录尚书事，总领国家大事，用费祎、董允等担任侍中，掌管宫禁，避免刘禅及其代理人宦官胡作非为。这其实是恢复了西汉初年经典的君相制度，即皇帝只过问大政方针，以及根据才能和绩效任免宰相；宰相总领政事，赏罚官吏，不受皇帝掣肘。这种体制下，政府功能可以较正常地运转，避免皇帝个人意志的干扰，在古代是比较理想的中枢体制。皇帝刘禅在体制里面是无力的，但其帝位是神圣的、安全的。李严想找这样的刘禅给自己撑腰，也确实是利令智昏、强人所难了一点儿。

诸葛亮对李严的严肃处理，逼迫东州集团停止了与荆州集团的争权活动，而处理李严的同时留下极大余地，又让东州集团心服口服。在接过诸葛亮主动伸过来的橄榄枝后，东州集团与荆州集团相处日益融洽，被捏合成了蜀汉的统治集团，对内压迫益州豪族，攫取资源北伐，对外联吴抗魏，借军权巩固国内统治，内外政策相辅相成，保证了蜀汉政权的安全生存。

随着诸葛亮的去世，荆州集团日渐凋零，东州集团尤其是其中的南阳人日益成为蜀汉依赖的主要群体。诸葛亮去世不久，荆州集团一文一武的两位大佬杨仪、魏延就自相残杀，同归于尽。继诸葛亮主政的蒋琬虽是荆州集团的元老，但因荆州被东吴夺去，荆州集团无法再获得新血，而进入蜀地的荆州名宿又因为老家的丢失而家族势力受损，成为无根之木、无源之水，像东吴的淮泗集团一样，其后人多不能成才，相反东州集团比他们先入蜀一二十年，根基虽不及当地人却比荆州集团要强固得多，人才不断涌现。蒋琬因此不得不提拔东州集团的英才费祎、董允等主政，费祎、董允死后，东州集团里的南阳人接过了政权，这些人里面颇有东汉功臣后裔，对蜀汉的忠诚可以保证，蜀汉也要借助他们来彰显自身的合法性。所以蜀汉末期以南阳人主政，这些人也真正做到了与汉室相始终。

诸葛亮对荆州集团和东州集团的捏合是卓有成效的，东州集团主政后不但没有对荆州集团反攻倒算，反而延续了诸葛亮奠定的经典君相体制。绝大多数皇帝对这种体制都不会满意，包括刘禅在内，不过诸葛亮在世时，刘禅对这套体制无从破坏；诸葛亮去世后，刘禅对蒋琬、费祎虽有分权措施，但先后担任尚书令的东州人费祎、董允依然秉持诸葛亮的方针，对刘禅不假辞色。刘禅仍然无法从整体上败坏这套体制。

直到诸葛亮去世将近二十年后，费祎看重的陈祗担任尚书令，事情才开始变化。陈祗虽然不是出身南阳的东汉功臣后裔，但他是汝南平舆人，是东汉名臣陈蕃的族人，也有点功臣后裔的味道，他又是大名士许靖的外孙，沾了外公的光名气也说得过去。但欣赏他的费祎、许靖实际上都是道德水平一般甚至偏差的人物，费祎是小报告之王，坑死坑惨同僚无数；许靖则受刘璋重用，在成都被围时见势不妙却想投降刘备。同时得这两个人赏识，陈祗的风格也高不到哪里去。而皇权经过两汉诸帝的加持，其威力已经深入人心，哪怕像刘禅这样权力被体制关进了笼子，借助陈祗这样一个偶然因素依然可以复兴。陈祗不但不像蒋琬、费祎、董允那样限制刘禅的权力，反而加以迎合，导致刘禅的皇权复兴，其代理人宦官黄皓的权力也随之大增。陈祗又用支持北伐交换了名义上的宰相姜维对政事的放手，一手把持蜀汉政治，蜀汉政治就在昏君奸臣的肆虐下，飞速地腐败下去，不过十年就被曹魏灭亡。

如果到这个时候李严再发难，即使是扶不起的刘阿斗，也会跟他合作一起对付诸葛亮吧？因为只有放倒了政府的首脑——丞相，他这个皇帝才可以不受限制地为所欲为，甚至胡作非为，而要达到这一点，正需要李严、陈祗这样的奸佞小人、皇权奴仆。

虽然诸葛亮用法均平，政治清明，尽量减轻百姓负担，但是实行的毕竟是残酷的秦制，再好的秦制依然是秦制，对社会资源的汲取和社会潜力的破坏依然十分严重。到蜀汉灭亡时，户籍上只有“领户二十八万，男女口九十四万，带甲将士十万二千，吏四万人”，虽然兵户和吏户加起来有十四万户，不应算在民户里面，但哪怕按每户五人计算，民户、兵户、吏户的总数也不过一百六十多万人，即便把投靠益州豪族的依附农民也算作一百六十万，总计也才三百万人，距离汉末巅峰时期的七百万人也相去甚远。鉴于东州集团和荆州集团入川的战斗都不甚激烈，人口减少有限，益州人口总体上的减半与秦制的残酷可以说有莫大的关系。

由于经过东州集团与荆州集团的两次清洗，益州豪族的实力大损，对于秦制帝国的予取予求没有足够的反抗能力，全社会笼罩在强大的政府统治之下。巴蜀地区没有强有力的中间环节与秦制帝国博弈，为民间经济和文化的发展提供空间，其社会活力远不及蜀汉入主之前，经济上因为官营成分大大增加，除了传统的强项蜀锦和漆器之外没有新的发展，文化上因为秦制帝国的严厉管束，没什么拿得出手的成就，相比于曹魏促成了玄学这种高级哲学的诞生，东吴商贸发达、佛道两教大昌的繁荣局面来说，蜀汉的社会成就实在是相差较远。

由于两次清洗和蜀汉政权一如既往的压制，益州豪族的实力一直难以壮大，蜀汉的统治阶层荆州集团和东州集团虽积累了一些实力，但蜀汉灭亡以后就被魏晋政权迁回了原籍，益州的地方势力依然比较薄弱。等到西晋末年五胡乱华，板楯蛮李特率领的流民部队就战胜了孱弱的益州豪族，夺取了巴蜀，建立了十六国中的成汉政权。而与之形成鲜明对比的则是声势更大的廪君蛮张昌在东吴故地体会到了义兴周氏等强大豪族的力量，铩羽而归，走上败亡之途，豪族林立的东吴故地也成为华夏政权最后的希望。

东晋中期，板楯蛮建立的成汉政权被东晋名将桓温消灭，东晋连续镇压了几次成汉残余势力的起义后，把大量蜀人迁往荆州，原来从南中入蜀的大量獠人（壮族的先民）趁势从山林中杀出，进入平地与汉人杂居。他们好勇斗狠、残忍好杀，而本地人的力量不足以与之抗衡，安宁富庶的巴蜀地区因此成为动荡之地，在整个东晋南朝都没有恢复元气，从汉代的天下第三堕落到排名比较靠后的地区。直到唐代，汉獠融合完毕，巴蜀才得以复兴，“扬一益二”的盛况重现了两汉时的西蜀繁华。

图书在版编目（CIP）数据

宿命三国 / 桓大司马著. --北京：九州出版社，2018.6

ISBN 978-7-5108-7274-7

Ⅰ. ①宿… Ⅱ. ①桓… Ⅲ. ①历史人物—人物研究—中国—三国时代 Ⅳ. ①K820.36

中国版本图书馆CIP数据核字（2018）第125982号

宿命三国

作　　者　桓大司马　著
出版发行　九州出版社
地　　址　北京市西城区阜外大街甲35号（100037）
发行电话　（010）68992190/3/5/6
网　　址　www.jiuzhoupress.com
电子信箱　jiuzhou@jiuzhoupress.com
印　　刷　三河市中晟雅豪印务有限公司
开　　本　700毫米×970毫米　16开
印　　张　16.5
字　　数　192千字
版　　次　2018年7月第1版
印　　次　2018年7月第1次印刷
书　　号　ISBN 978-7-5108-7274-7
定　　价　45.00元